シリーズ国際関係論●5

国際関係論の系譜

猪口 孝——[著]

東京大学出版会

THE GENEALOGY OF INTERNATIONAL RELATIONS
Takashi INOGUCHI
(The Library of International Relations 5;
Takashi INOGUCHI—Series Editor)
University of Tokyo Press, 2007
ISBN978-4-13-034255-1

シリーズ刊行にあたって

現代世界では、ヒト・モノ・カネ・コトバが国境を越えて急速に行き交い、しばしば一国で起こった出来事が他の国の人びとの暮らしに少なからぬ影響を与えている。この世界で未来を切り拓いていくには、われわれは国際情勢を的確に把握しなければならず、そのためには首尾一貫した分析枠組みが必要である。それを世に問うことは、国際関係論のもっとも重要な仕事に他ならない。

現実を見れば、貧困や難民、環境、人権などの問題について世界的に一定の協力の機運が育まれる一方で、旧ユーゴスラビアやソマリアやダルフールでのいわゆる民族紛争や、二〇〇一年九月一一日の米国同時多発テロ事件に象徴されるテロリズム、九・一一後のアフガニスタンやイラクで引き続く戦闘、北朝鮮核問題をはじめとした大量破壊兵器をめぐる国家間の攻防のように、戦争や紛争は後を絶たず、地球規模の経済競争も激化していると言われる。国際社会の秩序はいかにして成り立っているのか、いかに戦争を防止して平和や安全保障を達成するのか、国際関係において政治（力）と経済（利益）はどのような関係にあるのか、国家はいかなる原理に基づいて対外的に行動するのかといった問いが、国際関係論の基本テーマを構成してきたゆえんである。

「シリーズ国際関係論」は、国際関係論の成果を総合することによって、これらの古くて新しい課題に挑戦するものである。具体的には、第1巻（篠田英朗）は歴史と思想を重視した国際社会論を、第2巻（鈴木基史）は理論的・実証的な平和・安全保障論を、第3巻（飯田敬輔）は同じく理論的・実証的な国際政治経済論を、第4巻（須藤季夫）は外交研究や対外政策決定分析を超えてより包括的な対外行動論を、そして第5巻（猪口孝）は二〇世紀および日本を軸にした国際関係論の系譜論を、それぞれ展開している。歴史を踏まえつつ実践の変化を見据えて国際関係論の創造的発展を模索する本シリーズは、現代世界を読み解くための最適なガイドとなるであろう。

本シリーズでは、体系的な構成、平易・明快な記述、豊富な事例紹介など、親しみやすさを心がけるとともに、現実との緊張関係を強く意識した。したがって、ＮＧＯ関係者、ジャーナリスト、ビジネスマン、官僚や政治家、一般の読者が確かな視座を養われること、また大学・大学院の講義やゼミ・演習で活用されることを、大いに期待している。もちろん高度な内容や独自の見解も盛り込んでいるから、研究者にとっても読み応えがあるはずである。

本シリーズが、国際関係論の世界の奥深くへと読者を誘い、日本の国際関係論の研究・教育の進展に大きく貢献することを願ってやまない。

二〇〇七年八月

編者　猪口　孝

序論

本巻は、戦争の世紀である二〇世紀に誕生した国際関係論がどのような軌跡を辿って今日に至ったかを明らかにしようとする。とりわけ、国際関係論が安全保障をどのように概念化したかを弁証法的に骨太に描きだす。ここで安全保障とは国家、人間を問わず、地球上に危険のないこと、そしてそれを達成する方式を意味する。ここで弁証法とは、ひとつの概念が出ると、それに対抗する概念がうまれ、概念の競争と相互作用の中で、新たな概念化が行われるということである。さらに、二〇世紀末以降加速度的に深化しているグローバリゼーションの流れにより、国家主権の概念がどのような変容を余儀なくされているかを、後代における影響力の復活を念頭に、大胆に描きだす。ここでグローバリゼーションとは、国境に左右されず展開する人間の諸活動を意味する。本巻は世界大戦、冷戦、そして九・一一という戦争を経験するなかで概念化されてきた安全保障の系譜を辿るとともに、プラザ合意以降加速度的に深化しているグローバリゼーションに適応していくなかで、それまで当然とされていた国家主権の概念が少なからぬ変容を余儀なくされていることを明快に議論する。

国際関係論はここでは(1)学術的な分野としての国際関係論と(2)日々展開する国際関係を議論する仕事

としての国際関係論の二つを意味する。それら二つの相貌を見せるのが、本巻の『国際関係論の系譜』である。

本巻の第Ⅰ部は二〇世紀、二度の世界大戦、冷戦、そして九・一一を経験する中で二つの意味での国際関係論が辿ってきた軌跡に焦点を当てる。とりわけ、「安全保障」がどのように概念化されてきたかの変遷を、「持てるもの」と「持たざるもの」との対抗関係から、弁証法的展開として描きだす。

本巻の第Ⅱ部は日々展開する国際関係を議論する仕事として、二〇世紀第四・四半世紀以降、グローバリゼーションの加速度的深化を背景に展開している地球政治を概念化するものである。ここで地球政治とは、国家を軸とする国際政治と区別して地球規模で展開する政治を意味する。軸となる概念は国家主権、人民主権、主権喪失であり、グローバリゼーションが国家主権の領域を相対化している状況を三つの概念でとらえることによって二一世紀の国際関係、そしてその中での日本のあり方を深く理解することができるという議論を行う。

本巻の第Ⅲ部は学術的な分野としての国際関係論を扱う。とりわけ、日本の国際関係論がどこまで独創的であったかを検証する。第二次世界大戦前には国際法と地域研究を包含し、国家学の一翼を占めながら展開した日本の国際関係論において、戦後、武力不行使の平和憲法と米国依存の安保条約という結合しにくい二つの原理を結合させた構図のなかで、どのような展開がなされたのか。東アジアの隣国——韓国、台湾、中国——の国際関係論との比較、地域研究との関係についての議論も試みる。

本シリーズの第5巻である『国際関係論の系譜』は第1巻から第4巻までとくらべて、どのような特徴を有するか。

第一に、二〇世紀（あるいは拡大二〇世紀、一八九〇～二〇二五年）に焦点を当てている。

第二に、国際法、国際安全保障、国際政治経済、対外政策というように、国際関係論の総体を捉えようとする。

第三に、なかでも、二〇世紀の安全保障の展開に関連して国家主権をどのように捉えるか、国家主権の変容と世界システムの展開をどのように捉えるかという骨太の問題に立ち向かっている。

第四に、国際関係論という学術分野の系譜に正面から取り組み、英米、日本、東アジアの国際関係論の系譜化を試みる。

第五に、全体に既存の理論に依拠するというよりも、創造的な概念化を試みている。

シリーズ国際関係論5　国際関係論の系譜

目次

第7章 百花斉放を迎える東アジアの国際関係論――日本、韓国、台湾、中国―― 189

第Ⅰ部　世界大戦、冷戦、そして九・一一を経た国際関係論

第1章 国際関係論の理論的展開

国際関係論はどのような理論的展開を経てきたか？　勢力均衡から帝国主義、そして世界大戦を二回経た後、冷戦という「戦争でもなく、平和でもない」奇妙な時期を経験した。そして地球的反テロ戦争へと展開した一世紀の経験のなかから生まれた国際関係論は、どのような理論をつくりだしてきたか？

国際関係論は最初は取りかかりやすいが、ある所までいくと少し難しい学問分野である。西はトゥキディデス『戦史』、カエサル『ガリア戦記』そしてマキャベリ『君主論』、東はカウティリヤ『実利論』や孫子『兵法』やイブン・ハルドゥーン『歴史序説』と、古くから国際関係について書かれたものは多い。そこから得られる洞察や知恵は今日に至るまで、書物として『聖書』、『国富論』、『種の起源』などと並んで、いつになっても廃れることのない魅力と新鮮さをもっている。にもかかわらず、それを学問的に体系化しようとする努力は、経済学など社会科学の他の学問と比べてもあまり成功していないとよくいわれる。実際、二〇世紀の社会科学の達成物の集大成としてまとめられ、ニール・スメルサーとパウル・バルテスの編集した『国際社会科学・行動科学事典』（全二六巻）（Smelser and

Baltes 2001）をみたときに、国際関係論についてはまとまり方や体系性からみて、そのような印象を受けるかもしれない。にもかかわらず、国際関係論はそのダイナミックな展開、歴史や文化への敏感さ、そして関心をもちつづける読者がきわめて広いということからみて社会科学の中でも特異な地位を占めている。

体系的にも複雑でいくつかの層を成して発展してきている国際関係論の代表的な仕事を、限られたページ数でまとめることは至難の技であるかもしれない。にもかかわらず、本章は国際関係論の発展を二〇世紀に限って、しかも⑴歴史的な軌跡、⑵思想的な基盤、⑶政策的な指針、⑷未来への視野の四つの点から概観することを企図したものである。

1―歴史的な軌跡

古代からのさまざまな古典の存在にもかかわらず、学問としての国際関係論は二〇世紀の所産であるといってよい。その最も大きな理由は、社会科学自体が現代的な**実証主義**を基盤としながら、批判的な視点で社会現象を観察し、理論的な体系化を企図するという構図にみずからをおきはじめたからである。それ以前には実証主義といっても「進歩」を信ずることが先にありきだったり、「優勝劣敗」を当然としたりすることが多かった。批判的な視点は二〇世紀以前から存在していたが、二〇世紀以前の視点は宗教的な教条とか人種的な偏見のような、激しく強いものが多かった。また理論的な体系化といっても多くの場合初歩的なものであった。国際関係論は戦争と平和を中心的な主題とするために、そのこと自体に一喜一憂することが多かった。とりわけ二〇世紀の第一次世界大戦と第二次世界大戦は軍事技術の進歩のために前代未聞の悲惨な結果を生み出したので、それを何とか克服するには何が必要なのかという根本問題をめぐって、思索が深まった（Carr 1939）。二〇世紀の中葉は米国に上陸して開花し繁栄した社会科学が国際関係論にも浸透していった時期であった。

第一次世界大戦後には「**理想主義**」や「制度主義」が一時的にもてはやされた。この状況は当時の世界主導国であった英国でも、その後ろにいた米国でも、あるいは遠く離れた日本でもそれほど異なるものではなかった。後にウィルソン主義といわれることになる政策提案が行われたのもこの時期であり、多国間主義、自由主義、制度主義、軍縮主義、そして不戦主義などの制度的な措置がほんの一時的ではあれ、現実の国際政治場裡を賑《にぎ》わせたのである。すでにこの戦間期に、イマヌエル・カントの永久平和をもたらすための思想的な裏付けが討論された。フーゴ・グロティウスの説くような条理に基づいた国際法の制定と遵守によって暴力の発動を少なくできるし、そうすべきだという思想が強く主張されたのも戦間期であった。国際連盟や軍縮の嵐の後ろに隠れがちではあったが、トマス・ホッブスのいうような無政府状態は国際関係にこそその真髄が存在するとする「**現実主義**」が強く提唱されたのも戦間期であった（猪口 一九八九）。第一次世界大戦は欧州に戦争の悲惨さを強く実感させるものであったために、その反発として「理想主義」が欧州を席巻した。そして孤立主義で戦災を被らなかった米国で圧倒的な人気を博したのであった。しかし、第二次世界大戦を経て、理想主義、制度主義、自由主義などが無力であったのではないかという考えが圧倒的な強さをもつようになってきた。それは差別と戦火の欧州を逃れて米国にきた学者がとりわけ力を強く信じ、しかも強烈なインパクトを与えたことに関連する。そうした学者には、ハンス・モーゲンソーやジョージ・リスカそしてヘンリー・キッシンジャーやズビグニュー・ブレジンスキーなどがいる。

現実主義の覇権とでもいう時期は米国が世界主導権を握った時期でもあった。そして米国の世界主導権は現実の政治や経済に留まらず、社会科学でむしろより圧倒的なものとなったのである。社会科学が米国の土壌で満開になったのは不思議ではない。米国はその富と自由によって世界の英知を集めることになった。しかも、学問研究を専門職業として体系的に追求できる大学の仕組みがあった（Zunz 1998）。

学問研究を追求することによって、何らかの形で報われる仕組みがあった。ノーベル賞は一九〇一年に創設されたが、米国人が多数受賞するようになったのは欧州でのユダヤ人迫害が始まり、戦争が始まった一九三八年からである。国際関係論を社会科学の一分野としたのも米国においてであった。「国際関係論とは、歴史と国際法と経済学なり」とする欧州的総合ではなく、米国では政治学の一分野とされたのである。そしてそれが実証主義を促進し、体系化を推進したのである。第二次世界大戦中に執筆されたクインシー・ライトの『戦争の研究』は実証主義と体系化の意欲を体現しているという意味で古典的な作品であった (Wright 1942)。

この実証主義は戦争遂行の政策研究によって一層活発化したことは忘れられない。第二次世界大戦遂行は米国社会科学の開花を促した最初のケースだったのである。たとえば、兵士の士気を保つためにアンケートを取ったのが、のちの世論調査を基にした実証研究の満開に繋がっていく。敵対国や警戒国の報道や声明を体系的に調べることが、インテリジェンスのためのさまざまな分析手法をうみだしていった。その主要な著者はハロルド・ラズウェル、イシエル・プール、サミュエル・ストウファーであった。その後はソ連に対抗する戦略核戦力の抑止理論を生み出した。バーナード・ブローディ、アルバート・ウォルステッターやトマス・シェリングなどがその主要著者である。そしてその後の反ゲリラ戦争遂行、そのさらに後の反テロ戦争遂行も、米国社会科学に大きな意味をもったことを想像できる。反ゲリラ戦争で勝利するための方法については近代化理論を生み出した。その主要著者はルシアン・パイであり、サミュエル・ハンティントンであった。反テロ戦争が先制攻撃論を生み出したことは記憶に新しい。その主要な著者はレオ・ストラウスであり、ガブリエル・アーモンドであり、ロバート・ケーガンであった（Oren 2003）。

米国の直面する課題に実証的に理論的にしかも専門職業家として取り組むというのが、米国政治学の一番大きな特徴ではないかと思う。その職業的な訓練は野原の真ん中に忽然《こつぜん》と大学キャンパスがあらわれるという州立大学で最も熱心に行われた。応用に主眼を置きながらも、基礎から教えていく米国の大学院教育は二〇世紀前半に完成された。米国東部の有名私立大学は有力家族の子弟を入れてエリートを再生産すべく、入学試験よりもずっと総合的な選抜方法を採用し、さらに有名実力教授をスカウトし、世界の一流大学の地位を二〇世紀第三・四半世紀までにすべて独占するようになるのである。

このような軌跡をなぞると、米国の国際関係論は単に専門職業家の実証主義が現実主義と政策科学と結合しただけのもののように思われるかもしれない。そのような認識にそれほど大きな間違いはない。しかし米国では国際関係論においてのみならず、どの社会科学においても、非常に強い多様性を示すことを忘れてはならない。たとえば、最も強い平和主義は米国に存在する。第二次世界大戦参加に毅然として反対票をひとりで投じたジャネット・ランキン下院議員（モンタナ州選出）やベトナム戦争に終始反対し続けたマイク・マンスフィールド上院議員（モンタナ州選出）をすぐに思い出すことができる。学者でも、米国に最も厳しいノーム・チョムスキーは米国人である。ベトナム反戦のグレン・ペイジ、サミュエル・ポプキン、ジェームズ・スコットなどもすぐ思い浮かぶ。民主的平和についての主要著者、ブルース・ラセットは米国の第二次世界大戦参戦についても強い疑義を示す著書を著している。いわば現代のカント的な考えの代表者である。最も批判的な国際関係論を教えるだけでなく、実践もはいってくるのが米国的である。反抑止論で論陣を張ったダニエル・エルズバーグやアナトール・ラパポートは米国人である。米国外交の底にある人種差別主義の糾弾者でもあったエドワード・サイードは米国人である。米国外交の貧富格差拡大的特質について断罪するアンドレ・グンダー・フランクやイマヌエル・ウォーラスティンはともに米国人である。

米国の国際関係論が世界の国際関係論を主導しているかのような印象をいままで与えたと思う。現実は必ずしもそうではない（Hoffmann 1977; Inoguchi 1999b, 2002, 2003）。それぞれの社会で独自の特徴をもった国際関係論はたしかに存在するのだが、米国が他の国と圧倒的に違うものが少なくとも二つある。第一はしっかりと職業的に訓練されたあるレベル以上の学者の数で米国はトップである。第二はその自動的な自己中心的競争は世界で最も激しく、学術書・論文は質量ともに世界のトップを独占している。それにもかかわらず、国際関係論は米国以外には存在しないのかというとそうでもない。

たとえば、二〇世紀前半にはその中心は英国であった（Buzan 2004; Wight 1995; Bull 1977; Bull, Kingsbury, and Roberts 1990）。その中核的な考えは、一定の規範や価値を一定限度まで共有し、お互いに自己抑制をきかせることによって国際社会が存在するというものである。それは一九世紀の英国の覇権のあり方をよく反映している国際社会についての考え方でもあった。二〇世紀前半は英国覇権喪失の時期でもあったので国際社会が自己抑制を自ら内包するという性格をより強く打ち出しているといえよう。米国の新現実主義が、国際政治は無政府状態を前提とするというような定式化を行うのとはかなりトーンが異なる。国際関係論はつい最近まで政治学の一部というよりは、歴史、哲学、法律、そして経済をあわせたような感じで教えられていた。いまでもオックスフォード大学やケンブリッジ大学はそこから大きくは飛躍していない。国際関係論はむしろロンドン大学、ウェールズ大学、キール大学、ウォリック大学、ケント大学などで独自の展開をみせている。**英国学派**と自称する国際社会論に加えて、強いのは米国的な実証主義的な色彩の強い国際関係論である。実際、英国の国際関係論の学術誌が競争的になったひとつの要因は、米国の自動的な自己中心的競争に溢れた米国人学者の投稿論文が英国誌をかなりの割合で占拠したためである。加えて、英国人学者が米国的概念・方法の採用を大々的に行うようになった。英国の国際関係論のある部分は米国の国際関係論と違うことを誇張し、米国の国際関係論の過度な単純主義、過度な実証主義、過度な分析主義などを批判することで存在価値を示す。このように、英国の国際関係論は伝統を強く引きずりながらも多様性を抱擁している。歴史と哲学を重視し、記述の正確さと抑制のきいた判断などがその長所として広く認められているといえよう。

それでは日本の国際関係論の軌跡はどのようなものであったか（川田 一九九六。本書第６章も参照）。第一次世界大戦期や戦間期の論壇誌をみると、国際関係論は今以上に活況を呈している印象を受けるだろう。そのころは学会誌と論壇誌の間には今のような質的な相違がないが、まだ発刊して半世紀も経っていない学会誌を含めて、カントの思想、第一次世界大戦後の勢力均衡、軍縮会議、国際法の効力などについて活気ある論陣が張られていた。外国の考えに刺激触発されたものであれ、日本の直面している問題に何が言えるか、どのような政策を考えるべきかなど、今日の論壇と質的には違わないものをもっている。それもしばらくすると、雰囲気がいつのまにか変わり、朝鮮、中国に関心が集中し、アジアでの日本の権益擁護へと日本の国際関係論は大きく変わっていく。そのなかではっきりしていくのは、日本の国際関係論は分野的には国際法と地域研究を大きな中核としているという性格である。方法論的には歴史記述的なものを最も重視している。分野でいうと、時間的にも学問的にも歴史記述的な政治外交史と地域研究を重視するのである（Inoguchi 1989）。国際法が中核を成すのは、日本が世界で名誉ある地位を得、極東の島国でも一定の国際的な尊敬を勝ち取るためには国際法遵守が何を措いても必要という認識および、国際法を楯にとって欧米先進国と渡り合う必要があるという強い認識の下で日本の外交は動いているということと関係している。日清戦争、義和団事変、日露戦争、第一次世界大戦などすべてに共通しているし、このことは第二次世界大戦後もまったく変化していない。二一世紀初頭、日本外交当局を悩ましているのは、国際法についてそれぞれ異なるが強い独特な考えをもつ北朝鮮と米国である。地域研究が中核を成すのは、福沢諭吉以来「西洋事情」をしっかりと把握することが明治維新以前からの最も重要な課題であったことを引きずっている。西洋事情や世界事情をきちんとフォローし、しかし、それに呑まれない強い国民意識をもつことによって、日本の存在を確かなものにするという、なかば無意識な決意がある。外国の文物は必要に応じて精力的に吸収するが、そのペースをきわめて意識的に制御しながら門戸を開くという伝統が日本では強い。古代の遣隋使、遣唐使もしばらくして途絶えるし、近世の出島貿易も統制されたものだった。日本の地域研究は途上国中心ではあるが、欧米の先進地域の研究も同じような外国事情を把握する目的でなされている。このことは第二次世界大戦後も変わらない。

戦間期にアジアでの日本権益擁護の関心が高まったが、第二次世界大戦後も質的には変化していない。東アジア・東南アジアへの関心は戦後賠償、政府開発援助（ＯＤＡ）、海外直接投資（ＦＤＩ）という順で分野こそ着実に変わるものの、関心そのものは高いままである。

このような日本外交のモーダス・オペランディ（行動態様）を反映して、日本の国際関係論はあくまでも国際法、地域研究、歴史記述的方法を大きな特徴としている。戦間期はとりわけ、世界的にみても日本においても激動期、不安定期であることを反映して、政府・在野の区別にかかわらず、社会変革的な期待を秘めていた（仁井田 一九五一；旗田 一九七三）。日本の国際関係論は一見、政府の御用学問のようにみえるかもしれないが、実は歴史記述的方法と地域研究への強い埋没のなかに国内国際政治変革の歴史的な動向を摑もうとする部分を内包していた（Buruma 2003）。第二次世界大戦後も、この特徴は二〇世紀の第三・四半世紀には大きくは変わらなかった。第二次世界大戦後に次第に強まった米国の国際関係論の考え方や方法は最後の四半世紀に浸透しはじめた。学会誌の論文をみてもその変化はわかる。もっとも、米国の国際関係論の展開についてよく知っていることと日本の国際関係論をそのような方向で引っ張っていこうという意欲とは異なる場合が多かった。欧米の考えややり方をよく知っていることは当然必要とする一方、日本で非主体的にそれを実践するのは間違っているとしたのである。それは明治維新以来の西洋事情についての対処の一環でしかなかった。にもかかわらず、二一世紀に入ると、米国の国際関係論に強い違和感を持たずに、みずからの研究を発表する件数は、とりわけ英語においてなされる場合に増加してきたことは明らかである（猪口・原田 二〇〇二）。

2—思想的な基盤

国際関係論ではどのような思想が表現されているのか。すでに前節でもある程度明らかにしたように、ホッブスの世界、グロティウスの世界、そしてカントの世界を区別した国際関係論が定番である（猪口一九八九）。

ホッブスの世界とは暴力の世界である。権力の世界である。勝者が敗者を脇に追いやって勝者が主導した秩序を作る世界である。それをもって、国際政治とは無政府状態からの脱出であるとする考えだということもできる。平和は勢力均衡などの外交によっても維持されるが、長続きする平和は戦争によって獲得されるとする。戦争か平和か、という問題設定ではない。

グロティウスの世界とは、規範と規則の世界、つまり国際法の世界である。最小限の規範と規則を遵守するというお互いの期待が十分になった時にそれが可能になる。そしてそのような領域を拡大進化させていくことが文明的な世界になるひとつの方法であるというのがグロティウスの考えである。複雑な利害、思惑が錯綜する中で、実務的に共通項を増やそうというのがその基本である。

一方、カントの世界は、平和の理想を掲げて、民主主義、自由貿易、そして国際組織を拡大進化させていくことが紛争の平和的解決をもたらすことになるという壮大な理想主義の世界である。民主主義が深化すれば、支配者だけでなく、被支配者の同意を獲得する必要が強くなり、戦争によって問題解決を企図することが少なくなる。自由貿易が濃密になれば、それを断絶することによって損害が甚大になると予想されるので、戦争に訴える解決が難しくなる。そして一定の共通の目的をもち、共有の場裡でもある国際組織が網の目のようにはりめぐらされれば、軍事力による解決をはかるよりは、交渉したり調停したりする場所も機会も増え意欲も高まる。

ホッブスの世界は現実主義の世界、グロティウスの世界は法律制度主義の世界、カントの世界は自由と民主主義の世界ということもできる。国際関係論では三つの世界は入り交じっているのが普通であるが、どれを強調するかで思想家によって大きな違いが出てくる。

米国の文脈でいうと、アレクサンダー・ハミルトンの世界、トマス・ジェファソンの世界、そしてアンドルー・ジャクソンの世界の三つである（Kissinger 2002；斎藤 一九九二；Inoguchi 1999a, 2000a, 2004）。

ハミルトンの世界とは、国益を追求することを強調し、産業や通商や海路や領土や国民の自由の確保・拡大を主張する。ハミルトンの時代に新興産業として先進国と競争するためには国益を政府が外交で強く主張していくことが要求された。後発国家の中央集権、国家主権の対外主張で特徴づけられる。

ジェファソンの世界とは、自由貿易による農業産品の輸出こそが米国の国益を最もよく伸長するという考えから、自由貿易、自由市場、そして自由民主主義といった制度が推進される。いうまでもなく、ジェファソンの世界は、大農園経営、黒人奴隷使用の世界であり、自由民主主義などについては大きな限界があるが、そのような歴史的な文脈を考慮にいれれば、二一世紀に入っていっそう強くなっている考えである。

ジャクソンの世界とは、ハミルトンやジェファソンのような地方名望家出身のいわばエリートの世界ではなく、むしろ大地の子の発想からくる世界である。そして自由独立の民の発想である。自由独立とは歴史的文脈でいえば、西部開拓ということであった。原住民の抵抗を暴力的にでも排除し、新しい開拓地で無頼をおさえつけながら、法と秩序を形成していく世界である。

米国においては一八世紀末の独立宣言以来、このような三つの秩序観が共存・競争していることを想起したい。二〇〇三年のイラク戦争は三つの要素のどれも持っている。石油産出国のイラクを占領し、石油輸出をイラク経営に使い、米国系石油会社の利益伸長を助け、親米政権をいずれつくることは米国の国益にかなう。ハミルトンの世界である。軍事独裁、官僚統制、そして経済封鎖の世界からすべて解放し、自由民主主義、市場経済、自由貿易のイラクをつくることはジェファソンの世界である。米国政府は自由民主主義を世界規模で伸長しようとするのである。中近東という、いまだにオスマン帝国の緩慢な崩壊過程のなかで存続している中途半端な地域に対して、米国が正面から世直しを始めるという点ではジャクソンの世界である。米国の行く手に立ちはだかる現地勢力に対しては、軍事力の行使はむしろ自由への解放のための手段としては最も効果的であるとする。

いうまでもなく、このようなカテゴリーに入りにくいものが多々あることも否定できない。まずジェンダーの視点である（Tickner 2001；Goldstein 2001）。国際関係論というと、戦争がまず念頭にくるせいか男性の学問と誤解されがちだった。しかし、戦争への参加、戦争による被害、戦争の後方作戦参加などから考えると、両性ともどちらも深く強く関係していることは明白である。

たとえば戦争への参加からみれば、第二次世界大戦でソ連は多数の女性兵士を戦闘に参加させた。男性が大量に戦死したために、女性も参加し、ドイツとの激しい戦闘に参加せざるをえなかった。一九九一年湾岸戦争で米国軍は五〇万の将兵が参加したが、女性将兵もかなり多く、半年間に米軍内で二桁の妊娠が報告されている。第二次世界大戦のやはり対ドイツ戦において、ユーゴスラビアなどでは抵抗が激しいゲリラ戦で女性市民も大量に虐殺されたし、強姦もされた。人口に対する戦死者の比率がナポレオン戦争以来最も高い事例である（Singer and Small 1972）。二〇世紀末のユーゴスラビア解体過程でみられた内戦では虐殺や強姦は日常茶飯事で、女性にとって戦闘停止はスキンを用意しなくてもよいことを意味した（Enloe 1993）。第二次世界大戦における後方作戦参加は英国女性にとっては大きな意味をもった。戦争は保守党のウィンストン・チャーチルの指揮で実行されたが、銃後は労働党のクレメント・アトリーの指揮で、すべての人に平等に最小限の食糧、衣服そして日常品が配給されたのである。銃後での女性の参加は不可欠であり、その後の発言権の増大をもたらし、終戦直後の保守党の敗北をもたらした（Hitchcock 2003）。女性の視点からの国際関係論は大きな展開をみせている。

それに劣らず増加をみているのが、時に**批判理論**とよばれるもので、主権国家が展開する国家間関係を主要なテーマとする国際関係論に対して、強い反対を唱えるものである。主権国家の主権の意味の弱体化・希薄化、個人や集団の主張の拡大、超国家組織の拡大と深化、そして主権国家が国際関係に影響を与えて、それを形成していく能力と正統性の低下が問題とされる。グローバリゼーションとよばれる、すべてがふくまれるような大風呂敷の概念が、主権国家、領域国家、国民国家とそれに付随していたものすべてを弱体化させている。あまりにも主権の概念が希薄化したので、たとえば東南アジア諸国連合（ASEAN）でも内政不干渉を今までほどには頻繁に原則としなくなった。「文字どおりの主権国家などは存在しない」というのが通念になりつつある。ケネス・ウォルツにならって戦略核戦力の保有が主権国家たらしめるものということもできるが（Sagan and Waltz 2003; Waltz 1979）、戦略核戦力はほとんど使えなくなっているという通念に近いものが、戦略核戦力の抑止効果を減退させ、むしろ技術的に未熟な核兵器の方が政治外交的に有利に有効に使いうるようになったという認識さえ生まれている。領域の観念が希薄化し、経済的相互依存はきわめて高まり、移動はかなり容易になり、そして先端的な攻撃兵器に対しては実効的な兵器が少ないかひどく効率が悪いかになってしまっている。国民国家というような、ひとつの大きな民族を軸に国家を作ることはもともと容易ではなかったのに、その後、とりわけ冷戦後に、そのような不自然さに対する不満が噴出した。とくに二〇世紀の最後の四半世紀に八〇あまりの民主主義国家が誕生したことも、少数民族の声を世界によく聞こえるものにしたことは間違いない（Huntington 1991）。このような自由主義のプロジェクト、すなわち一八四八年のフランス第二共和政から一九六八年のカルチエ・ラタンに象徴される学生反乱までの一世紀余りで完成した領域主権国民国家の枠組みと、それに付随して完成に向かった正統社会科学に対する反乱が、批判理論なのであった（Wallerstein 1995; Alker 1996; Der Derian and Shapiro 1989; Booth and Smith 1995; Linklater 1998）。

したがって、正統、日常、伝統といったものに対する異議申し立てとしての批判理論は、国際関係論でも当然ながら二〇世紀末に強い主張として執拗に聞かれることになった。主権国家が希薄化して米国一極主義、米帝国といった波に呑まれることに対する批判、反発、抵抗といった考えに始まり、それぞれの個人や集団や国家がどのようなアイデンティティを形成したか、どのような世界を描いているか、それはどのような外交に繋がるか、それはどのような世界を生み出すか等々の新しい問いを生み出していった。これらすべてが批判理論とよばれるわけではないが、一九世紀から二〇世紀にかけて欧米で形成され他の地域が模倣的に輸入した秩序にたいする違和感が急速に増大したことが、このような批判理論の誕生の大きな理由になっている。

3―地球政治の構造についての政策的な指針

グローバリゼーション、つまり地球化はどのような影響を国際関係に与えているのだろうか（Baylis and Smith 2001; Held et al. 1999. 本書第Ⅱ部も参照）。いいかえれば、どのような地球政治の構造を前提としつつ、国際関係の理論化が行われているのだろうか。考え方のひとつはグローバリゼーションが国際関係を地球化しつつはあるが、非常に部分的であり、地球政府といったものを考えるまでには全然至っていないというものだ。基本は国家単位の政治であり、それによっては不十分なことを地球化された規範や規則や制度などで補うことになる。これはリベラルの考え方といってもよいだろう。それに対して萌芽的ではあるものの、地球政府の方向に向かった動きや行動主体が増加しているという論者がいる（Iriye 2002; Moon and Chun 2003; Inoguchi 1989）。地球化の方向への動きをより積極的にみる考え方である。地球民主主義とよぶこともある。ただし、普通、国家には正統性とよばれる人民による支持、軍隊や警察のような暴力装置、そして国家運営の費用を捻出する徴税の仕組みがある。しかし、地球民主主義政府には、そのいずれもが不十分ないし皆無である。

国際連合を考えてみよう。国連の正統性は低いと通常はみられている。加盟国は主権国家でなければならない。たしかに非政府組織（NGO）なども提携団体の資格を付与されるが、第一義的な主体ではない。しかしながら、考えようによっては正統性は着実に増加しているともいえる。

まず、人類全体の規範や規則などについて国連が掲げるものの多くが、歳月とともに世界に浸透していることは忘れてはならない。たとえば、海洋の共同の利用に関する海洋法についての会議である国連海洋法会議（UNCLOS）は国際的な組織へと進化し、どの国にも所属しないで資源を共同利用することに成功している。また、人権会議や女性会議や環境会議や小型武器会議が世界の各地で開催され、それらについての問題意識や規範意識が増大したことを誰も否定できない。そしていろいろな分野で具体的な進捗がみられことを強調しなければならないのである。イラク戦争でも、国連のしかるべき決議によってでしか戦争に訴えるべきでないという意見が多数であったことも、国連の正統性を示すものといってよいだろう。

次に、国連は経済社会理事会を擁しているだけでなく、国連開発計画（UNDP）、世界食糧計画（WFP）、世界保健機関（WHO）、国連難民高等弁務官事務所（UNHCR）、国連環境計画（UNEP）、国連貿易開発会議（UNCTAD）、国連教育科学文化機関（UNESCO）など、機能的な分野で積極的にさまざまな助けの手を差し伸べる組織を抱えている。これらは安全保障理事会で何が起ころうと、必要があれば迅速に行動することを誇りにしているのである。このような機能的な組織をみるとたしかに部分的には地球政府の萌芽と考えてよいようなものがある。そして、経済、通貨、開発、貿易といった経済的な国際組織である世界銀行、国際通貨基金（ＩＭＦ）、世界貿易機関（ＷＴＯ）、国際決済銀行（ＢＩＳ）、経済協力開発機構（ＯＥＣＤ）、そして多くの地域的な経済組織は網を張りめぐらすようにある。

このようにみると、たしかに地球政府の萌芽があるといえるかもしれない。ただし、それは主権国家の合意により機能しているようなところが根本にあることは忘れてはならない。

つまるところ、国連には自前の軍隊も警察もないし、ましてや徴税能力もない。平和維持活動（ＰＫＯ）で一定の軍隊が時々必要になるから、出せる兵隊の種類と数を予備として登録して備えようという提案は昔からあるが、その制度化もなされていない。グローバリゼーションは便益だけでなく、損失ももたらすのだから、たとえば通貨貿易額に比例して税金をとり、炭素税と名付けて、二酸化炭素の増加阻止のために使おうというような提案などもあったが、実現に向けた具体的な動きは起こらなかった。たしかに国連加盟国の拠出金を税金に近いものと考えてもよいかもしれない。しかし、拠出金支払いについては米国と日本という最大の拠出国（二国で四割強を拠出）がそのことに時折大きな不満を表明している（Russett, O'Neill, and Sutterlin 1996）。二〇〇三年のイラク戦争に際して、米国を除いた国連安保理常任理事国の拠出金をすべて合計しても日本一国の拠出金よりずっと少ないのに、常任理事国やほとんど拠出金を支払っていないような第三世界の小国が国連にとって重要な決定に大きな影響力を行使できるようになっていることについて、日本はたとえば「代表なくして徴税なし」というメッセージを時々発信している。

このような地球政府が機能しているかどうかという問題の設定は問題をむしろ矮小化するものであるとして排斥し、むしろ経済的な不平等、経済格差、経済的な不正義、そしてそれをもたらし、それを固定化するような経済構造を放置することに反対する議論がある。そのような不平等是正に構造的に対処するのではなく、不平等や格差を前提としている規則や慣行を批判する議論も非常に強いのである。

新興独立国が独立後すぐに直面した経済発展の停滞についてUNCTADが設置され、先進国に対してさまざまな要求を主張し、新興途上国の開発を促進しようとしたのは初期の組織的努力のひとつである。第三世界が先進国に歴史的構造的に従属し、ありうる開発の芽を初期に摘まれてしまう。先進国の徹底的な譲歩こそが途上国の経済発展の鍵であるとした主張である。第三世界にとっては工業製品よりは第一次産品が主力であることが多いため、第一次産品の価格が必要以上に低く抑えられているのではないか、第一次産品の輸入が輸入国の保護主義によって不条理に阻止されているのではないかという主張が、先進国の高度成長が続いた一九六〇年代から一九七〇年代初期には執拗に続けられた。このような議論は「**従属論**」とよばれる一連の理論となった。そこに第一次石油危機（一九七三年）が発生し、第四次中東戦争と石油輸出国機構（OPEC）の政治行動が同時連鎖して、あたかもUNCTADの主張が一部実現されるかにみえたということもあった。この出来事に力づけられ、「新国際経済秩序（N

ＩＥＯ）」がさらに大々的に喧伝《けんでん》された。

しかし、先進国は次から次へと不景気になり、途上国の主張に耳を貸すことに乗り気ではなくなった。しかも第三世界のなかから新興工業国（ＮＩＣｓ）が誕生し、一枚岩的な立場の崩壊がすでに一九七〇年代末から明白になっていった。第三世界経済の経済発展戦略が多様性を示していった。先進国の一人当たりの国民所得に速やかに到達する国（たとえば、シンガポール）が一方であるかと思うと、他方で栄養や衛生があまりにも悪化し、経済社会の存続さえ危ぶまれる国（たとえば、コンゴ民主共和国）も増加した。極端に少ない人口と政治的独裁制のなかで、第一次産品（とくに石油）の輸出で世界でも並外れた一人当たりの所得水準を維持している国（たとえば、ブルネイやサウジ・アラビア）などもすべてが第三世界とされていたために、「新国際経済秩序」を一枚岩的に要求していくことの無理が明らかになっていった。にもかかわらず、問題自身の中核は、解決の端緒をつけられることはあっても、持続的な努力に結び付けられなくて頓挫していることには変わりがない。そのような現実に直面し、第三世界の経済だけでなく、現地の社会政治の改革を実行することが南北協調に劣らず重要だとする強い主張も存続している一方、そのような主張は国内的な問題だとして、国際的には世界経済のグローバリゼーションのなかで、国家間の交渉の重要性は引き続き重要視しつつも、同時に、現実的な政策は一体化していく地球市場において、どのようなニッチを作りだしうるかであるとする考え方と行動が急速に目立っていくのが一九九〇年代である。象徴的なのは、従属論の元祖のひとりだったフェルナンド・エンリケ・カルドーゾが大学教授からブラジル大統領になる間に、従属論を放擲《ほうてき》したことである。

このような従属論の流れとその転回とは全く別に、**グローバル・ガバナンス**といった概念に反対する視点も無視できないインパクトをもって登場してきている。冷戦後、軍事的に圧倒的な地位を築いた米国からそのような考えが出てきている。たとえ部分的であれ、地球政府が機能的にも存在しているというような意見への反発は非常に強い。第三世界の多くの国では、主権国家であるから内政には干渉させないという主張は独立後数十年経っても根強いものがある。先進国の中でも、米国の一極主義には呑まれまいという主張や、地域的統合によって対抗していこうという主張が強い。欧州連合（EU）とりわけフランス、ドイツ、スウェーデンなどではこのような視点からの米国一極主義への反対が圧倒的に強い。意外なことではないが、グローバル・ガバナンスに最も強力に反対しているのは米国のブッシュ政権チームである。グローバル・ガバナンスは結局多国間の仕組みであるために、意志も能力もたしかでない国家がいくつも関与すること自体に本能的な違和感をもっているのである。米国だけがその意志、能力、そして責任感をもっていることをしっかりと認識することなしにグローバル・ガバナンスを語ることは無意味だという主張になる。イラク戦争でもそのような意見が強く表現されたことは記憶に新しい。イラク戦争前夜に米国と欧州の根本的な違いを論じて強い衝撃を与えたケーガンによれば（Kagan 2003；Cooper 2003）、EUは統合に全力を注ぎ、国境を超えた欧州市民の自由と福祉の実現を前面に出したために、軍事的な弱体化を招き、しかもその国際関係は軍事的な無力さをほとんど前提にしながら運営されることになった。その結果、EUは世界のあちこちで明らかに正義に反することがあっても、軍事的に何もできないからという自制から、不正義を当然とするような非倫理的なことを外交政策の第一原則としているとEUを糾弾するのである。それだけでなく、決定に至る正当性を抜きにして不正義を懲罰ないし解決しようとしているとしてEUは米国のやり方に不当な非難を浴びせ、しかも米国の行動を阻止しようとするという。このような主張にも一理はある。しかし、地球政府は現実には存在しない以上、二〇〇にもならんとする国家の意向に注意を払う必要があることは当然であり、そして最も重要なことは、米国が世界の各国の意向と影響力に注意を払うことは米国主導世界の運営にとって中長期的には有利になるだろうということである。戦闘実行部隊が法と秩序の維持や平和維持を目的とする部隊と全く性格を異にしていること、したがって前者のみでは十分に実効的な占領ができないことは、イラク占領中の米国軍、英国軍が日々証明していることである。

4―未来への視野

それでは二一世紀に国際関係はどのような展開をみせるのだろうか。どのようなシナリオを描くのであれ、**国家主権**とグローバリゼーションの性格とその展開を見極めることが不可欠な作業であると思う。二一世紀の国際関係論は国家主権後退派と国家主権残存派にわかれる。

前者は国家主権は地球市場の拡大と浸透によって確実にその権威と能力を後退させているという(Strange 1996, 1998)。国家の庇護や権力に依存する非政府組織はその地位を相対的に減退させている。地球市場を相手にしている限り、ひとつの国家にすべてを牛耳られることは少なくなった。企業法人税がある国で企業法人税が高ければ、ほかの国で法人登録してもよいからである。国家による規制が強すぎれば、そのような規制がない国を本拠地にすればよい。企業活動でもその機能分野ごとに別々の国に配置した方が利潤拡大、市場シェア拡大に通じやすい。二〇世紀の第三・四半世紀にくらべれば、二一世紀第一・四半世紀の国家アンデンティティはたしかに後退した。国家以外の集団や組織は国家の下や上に国家横断的に、国境を無視して非常に拡大した。そしてそのような集団や組織は権威や能力を確実に上昇させた。とりわけ冷戦後、国家による枠組みの抑制が弛緩したせいもあって、宗教的、言語的、民族的、人種的、地域的な分裂や亀裂の表面化が増加したことは、国家の権威を目に見える形で減退させた。加えて、米国一極主義の動きが活発化し、人民主権（個々のひとりひとりの人権）は国家主権より尊しとして、主権国家に軍事介入し、政権転覆を敢行することが二つの世紀を挟んで、いくつか発生した。コソボ戦争であり、アフガニスタン戦争であり、イラク戦争である。これによって国家主権の概念自体が聖域ではなくなったことが強く印象づけられたといってよいだろう。

逆に国家主権残存派は市場自由化によって地球市場が拡大し、浸透すればするほど、国家による規制がまったく新しい分野で強まるのが普通だとする。しなやかな規制とでもいえよう。たとえば、ゴミ（痰や紙袋や産業廃棄物も含む）を道路に捨ててはいけないという法律が世界的に常識化したとしよう。各国によりゴミの定義はすこしずつ異なる。したがって、ある国でゴミであっても、ほかの国ではゴミでないことは日常茶飯事である（Berger and Huntington 2002）。一九三〇年代、ドイツは近隣のハンガリーにドイツのゴミ法と同じ法律を立法させたが、ハンガリーのゴミ法はドイツのゴミ法のマジャール語訳付則をつけ、そこでゴミの定義をした。そしてそのゴミの定義はドイツ人の考えるものとはまったく似ても似つかぬものだった。

あるいは国家よりも大きな規模の地域的な権威が強化されれば、国家が消滅するかというとそうでない。むしろ国家が別々に運営すると不都合な分野で地域的な統合が深化していくとみられる。ＥＵにおける農業や貿易はそのような分野である。国家ごとの判断が多様化すればするほど、通貨や軍事のように統合が難しくなってくる。たしかにＥＵのレベルでの立法が増加している。たとえば、デンマークではＥＵ起草法案は全法案の三分の一から二分の一にもなる。このことは国家の権威と能力の減退を証明するものとしても考えられるが、逆にみれば、国家的な立法のあとで国家間調整をする必要がなくなったとみることもできる。しかも国家の下のレベル、たとえば州のレベルで不都合な立法であればそこでは例外条項適用が可能になる仕組みもある点では、国家主権残存とすることもできる。米国一極主義によってすべての国家が消滅するのではなく、起こりうるのは政権転覆であって、国家主権が侵犯されることはあっても、国家主権が消滅させられることはないだろう。その意味では国家主権残存にも大きな理がある。

しかし、中長期的にみると、国家主権だけが主要な鍵概念として存在しえた二〇世紀とは大きく異なる国際関係が展開していくことはまちがいない。その際、国家主権、人民主権、そして主権喪失の三つの概念がどのような比率で発現していくかを見極めることが役立つというのが私の考えである（本書第Ⅱ部を参照）。グローバリゼーションはあらゆる分野で深化しているが、地球市場、地球民主主義、地球文化といったものが伸長していくにつれて、国家主権がすこし後退するだろうし、人民主権の拡大は不可避だろう。グローバリゼーションについていけない国家社会がこれからも不可避的に存在し、国家主権を大きく後退させ、国家社会の数は増大するかもしれないが、国家主権の考え自体の消滅はしばらくはありえない。そしてこれらの三つの枠組みは二一世紀においてしばらくお互いに共存しながら、競争していくだろう。しかも、これら三つの枠組みは地域的に区別されて存在するのではなく、お互い影響しあい、浸透しあう存在となる。むしろ地球市場の浸透が国家主権をどのように後退させ、どのように残存させるかにかかっているといってよいだろう (Inoguchi 1999a, 2000a, 2004)。

第2章 二〇世紀の世界秩序——勢力均衡、集団安全保障、単独行動主義

二〇世紀の安全保障論議はどのような展開をみせたか？　とりわけ、「持てるもの」と「持たざるもの」との対抗関係からその変遷を見るときに、どのような弁証法的展開がみられるか？　二〇世紀の安全保障論議の弁証法的展開の精査は、二一世紀の安全保障論議の展開についての想像を可能にするか？

政治的安全保障の弁証法に関する本章では、政治的安全保障の主な理論と実践が一九〇一〜二〇〇〇年の一世紀間に、あるいはその前後をもう少し長く取って、一八九〇〜二〇二五年（拡大二〇世紀）にどのように変遷したかを、そして概念ならびに運用の転換がどのように生じたかを、正・反・合（テーゼ・アンチテーゼ・ジンテーゼ／命題・反命題・総合命題）の体裁をとる一連の弁証法的形式に従って論じていく。第2節で扱われるのが「命題」、第3節で扱われるのが「反命題」である。政治的安全保障という枠組みの中で、次の三つの下位区分を特定するとともに、概念化する。(1)支配者の下位区分、より具体的には、大国の国家安全保障戦略、(2)周縁者の下位区分、より具体的には、支配者連合に対する大衆の反撃戦略、(3)これら二つの下位区分の合意点、より具体的には、国内の／国際

的な反体制派／敵対勢力に対処するための支配者連合の戦略。こうした概念装置を用いて、第一次世界大戦、第二次世界大戦、九・一一という弁証法的瞬間について説明する。章末近くでは、単独行動主義と世界的テロが、憎しみと憎しみのぶつかり合いの中で結びつくときに、米国がときおり警察官の役割を果たす事実上のグローバル・ガバナンスという皮肉な状況を生む弁証法的動きについて仮説を立て、考察を重ねていこうと思う。

1—政治的安全保障の弁証法

二〇世紀は、様々な意味できわめて重要な世紀である。第一に、おそらくこれが最重要点と思われるが、二〇世紀には、人口の驚異的増加が記録された。一九〇〇年頃の人口は一六億人だった。二〇〇〇年には、六〇億人に膨れ上がった。この驚くべき人口増を支えるうえで重要なのは、居住に適した土地の拡大、農業生産ならびに工業生産の増大、化石燃料と核エネルギー資源の利用であり、最も直接的には、衛生と医療の普及である（Diamond 1999）。二番目に、技術水準が前例のない高みに到達した。高速・大規模・長距離通信が非常に利用しやすくなった。輸送手段が速く、安価になった。工業機械の導入により、高品質の財を大量生産できるようになった。三番目に、知識量が飛躍的に増えた。ラジオ、テレビ、新聞・雑誌、とりわけコンピュータが、情報社会を構築した。これらすべての点で、二〇世紀は、それが人類の長い歴史においてきわめて重要な世紀のひとつであることを立証した（Cipolla 1972-1976）。

政治的安全保障の観点から二〇世紀を見ると、このことが最もよくわかるだろう。武器の殺傷力とその向上の度合いについては、単発銃から戦略核兵器までの巨大な変化が一世紀の短期間にみられるのである。同様に、戦死者の数にも驚かされる。古代から一九〇〇年までの戦死者数は、二〇世紀の戦死者数よりはるかに少ない。第一次世界大戦と第二次世界大戦の戦死者を合計すると、五〇〇〇万人にのぼる（Singer and Small 1972; van Creveld 1991; Human Security Centre 2005; Mueller 1989, 1994)。つまり、政治的安全保障の観点から見ると、二〇世紀はたいへん特殊な世紀である。二〇世紀は安全な世紀ではなかった。それどころか、争いだらけの世紀だった。しかし、二一世紀に入ってからは、戦争の頻度と戦死者数は横ばいか、目に見えて減っている（Boserup and Mack 1974)。

武器の殺傷力の恐ろしいほど速い増強の中で、二〇世紀に地球上で繰り広げられた人間集団間の暴力的ならびに非暴力的な相互作用の枠組みは、次の三つの特徴的な概念として発展した。(1)**勢力均衡**、(2)**集団安全保障**、(3)**単独行動主義**。第一番目の枠組みは、第一次世界大戦の勃発を招いた。勢力均衡の補正メカニズムと目された二番目の枠組みは、ひとたび崩れると、第二次世界大戦を引き起こした。冷戦終結後に登場した三番目の枠組みは、アフガニスタンとイラクにおける反テロ戦争をもたらした。上記の時系列とは無関係にこれらの概念が用いられることも多い。したがって、歴史的説明を若干付け加えながら、これらの枠組みの特徴と条件を詳述する。

これら三つの枠組みはそれぞれ、対立する概念ならびに統合的な概念と結びついている。政治的安全保障の弁証法とは、ひとつの力が対抗する力をよびおこし、その競争の中で統合的な力が生まれるという考え方である。したがって対立する概念と統合的な概念が不可避的に生まれる。対立する概念とは、(1)**人民戦争**、(2)**ピープル・パワー**、(3)**世界的テロ**の三つである。それらは、ほとんどの場合、世界システムにおいて周縁化された人々によって形成される概念である。世界システムという概念を用いることにより、本書が表面的なレベルでの国際政治の闘争だけでなく、草の根レベルの世界政治の構造をも取り上げることを示したい。この場合もやはり、歴史的説明を若干付け加えながら、対立する概念の特徴ならびに条件を詳述していく。同様に、これら三つの枠組みはそれぞれ、次に挙げる統合的な概念とも結びついている。(1)**植民地主義者の無関心**、(2)**人道支援**、(3)**人道介入**。これらの統合的な概念は、世界システムにおける持てる者と持たざる者の間の相互作用の結果として形成される。この場合もやはり、歴史的説明を若干付け加えながら、これらの統合的な概念の特徴と条件を詳述していくことにする。

2—大国がしばしば導入する三つの枠組み

1　勢力均衡

①勢力均衡の基本的な特徴　勢力均衡の基本的特徴は以下のようにまとめられる。

(1)ゲームに参加するアクターは比較的少なく、たとえば、五または六といったところである（Kaplan 1957）。参加アクター数が少ないほうが、合意に達する確率が高くなる傾向がある。欧州全土が荒廃し、フランスの王朝が廃されたナポレオン戦争の終結後に、ウィーンで開催された講和会議（一八一四〜一八一五年）の主要な使命は、ナポレオン戦争前に優勢だった六つのアクター、すなわち、英国、フランス、プロイセン、オーストリア、ロシア、トルコの間の勢力均衡を復活させることであった。各国代表が勢力均衡を復活させたのは、単一の国家または単一の国家連合の過度の強大化を阻むためである。国家はその能力の向上に努め、自国の独立の維持や、その他の目的を達成するための手段として戦争が適切と判断した場合には戦う。ウィーン会議の原理は、大国の主権独立の維持につながるようなやり方で戦争を終結させる――つまり、大国を元のシステムに戻す――ことである。

(2)参加アクターが抱くイデオロギーの相対的類似性が前提とされる。戦争勃発前の状態を回復するために、ウィーン会議が否定的な反応を示したのは、フランス革命の革命的な思想と制度に対してである。この点、革命的自由主義に反対するイデオロギーで完全一致していた。同時に、ロマノフ朝のロシア帝国皇帝、アレクサンドル一世が、キリスト教の正義・友愛の精神に基づいて各国君主の連携と平和維持を図ろうとして推し進めた神聖同盟は、その過度な宗教色を薄められた。アクターたちが個人的にこっそり抱くイデオロギーは別としても、公的に表明されたイデオロギーを勢力均衡ゲームに押し込むことは、勢力均衡のゲームで必要とされる非イデオロギー的な柔軟性と機動性を必要以上に阻害するものとみなされる。ウィーン会議での勢力均衡のこうした側面を強調したのは、ヘンリー・キッシンジャー(Kissinger 1957)であり、彼自身、一九七一年の米中国交正常化の際にそれを実行した(Kissinger 1994)。

(3)勢力均衡ゲームの政治的原則は、他のアクターを自制へと導くために自らを抑えることである。したがって、より永続的かつ安定的な戦後の世界秩序を構築するために、勝者が敗者に譲歩する例がしばしば見られる。かくして、ウィーン会議では、フランスに対する懲罰がひたすら回避された。ウィーン会議で議長を務めたクレメンス・メッテルニヒは、この重要なアジェンダの実現に最大の関心を注いだ(Taylor 1948 ; Kissinger 1957)。

(4)勢力均衡は、大国の人口動態的な力、工業力、軍事力が比較的拮抗していることも前提とする。ウィーン会議からヴィルヘルム二世の即位までの間は、大国の力が比較的拮抗する状態がほぼ保たれていた。こうした構造的な条件に基づいて、この間の英国は、大陸から離れた位置にあって力のバランスをとるオフショア・バランサーとしての役割を担うことがある程度できた。ナポレオン戦争から第一次世界大戦までの時代に英国が覇権を握れたのは、大陸での勢力均衡と制海権の確保という条件が整っていたからである。これら二つの条件のどちらか一方が満たされなくなると、英国の覇権は失墜し始めた(Chamberlain 1988; Graham 1965; Kennedy 1980)。

②勢力均衡の基本的構造条件　勢力均衡を構造的に支える仕組みは、勢力均衡システムの修正を目的とする批判を念頭におきながら考えよう。以下のようにまとめられる(Alker and Biersteker 1984)。

(1)大国間の勢力均衡は、それらを取り囲む周縁化された空間と結びついている。こうした周縁化された空間が、ときどき植民地とか勢力圏と呼ばれることがあるのに対して、大国はしばしば植民地保有国(宗主国)と呼ばれる。こうした空間は、本国での調整がより困難である場合に、勢力均衡の調整メカニズムの役割を果たした。主要アクター間に広がる規範的な利害関係によって制約されないこのような空間があると、ない場合よりも自制が行われやすくなる。ロバート・クーパー(Cooper 2003)によるポストモダン圏、近代圏、前近代圏の区別、ならびにそれらと結びついている行動パターンによって例証されているように、西洋の主権国家と植民地の区分に沿った思考が今日まで続いてきた。ポストモダン圏とは産業民主主義社会のことで、人口的にはほぼ一〇億人、近代圏とは途上国の四分の三で人口的にはほぼ四五億人である。前近代圏とは途上国の四分の一で人口ではほぼ一〇億人である。ポストモダン圏では自由、所得、平等が非常に高く、自由市場と自由民主主義が進んでいる。国家主権だけでなく、国際組織と世界自由市場に強く埋め込まれている。しかも圏域内では武力行使がまれである。近代圏では国家主権が強く主張され、自由が抑制されがちであり、所得水準は伸び盛りで平等より格差が目立つ。武力行使が頻繁にみられる。国際組織に拘束されることを敬遠しがちである。世界市場を利用しながらも、それに関する規範、規則からはできるだけ逃れようとする。前近代圏では自由、所得、平等が非常に低く、国家も市場もあまり機能していない。国家主権はなかば崩壊し、国際組織に依存し、世界市場に翻弄されたままである。武力行使は日常茶飯事である。これは植民地主義の思考であり、現象的には正しい観察ともいえるが、問題は三つの圏域は一つのものとして理解することによってはじめて、三つの違い、各圏域の特徴、そしてその変化がまさに三つの圏域の相互間の対立と競争の中から生まれたことがわかる。

(2)大国の大きさがおおむね等しい場合には、大国間の勢力均衡がうまく機能した。どこか一カ国が台頭し始めると、勢力均衡に疑義がさしはさまれることが多い。ヴィルヘルム二世は、分別ある顧問だったオットー・フォン・ビスマルクが政治の表舞台から去ると、英国との建艦競争に乗り出した。大国は、植民地を獲得して足場を固めるためにアフリカを分割した（Gallagher and Robinson 1953）。帝国主義あるいは単独行動主義の時代には、勢力均衡はうまく機能しない。一八七一年以降、それは、中欧の外での大きな戦闘に焦点を合わせるようになり、大きな戦争、すなわち第一次世界大戦（一八七一～一九〇六年の世界規模の土地争奪に参加していた帝国主義諸国の好みには合わなかった）が勃発するまでそうした状況が続いた。一九〇六年頃になると、植民地争奪をしようにもアフリカ、ポリネシア、アジアには奪う土地がなくなった。

(3)勢力均衡は、主要アクターの内在化された規範構造に存在する。主要アクターの見解の規範的前提が目に見えて変わると、勢力均衡に疑義がさしはさまれるようになる。フランス革命とナポレオン戦争の急進主義は、こうした例のひとつだった。ウラジミール・レーニンによる新たな外交攻勢と、第一次世界大戦後にウッドロー・ウィルソンが、開かれた外交、自由と民族自決、民主主義を求めたことも同様である。さらに、アドルフ・ヒトラーが世界に冠たるドイツ帝国を実現するために戦争を決意したこともそうだ。ヒトラーと敵対することになった人たちは、ヒトラーが勢力均衡という大きな枠組みの中で行動しているかのように誤解した（Taylor 1965）。『我が闘争』の中で、ヒトラーは、一九世紀のドイツが海外での帝国主義に努力を傾注したことを批判し、ドイツの農家がドイツ国民を養うのに適した農地は、海外ではなく、東方（と南方）にあるとほのめかした。死ぬ間際のヒトラーは、第二次世界大戦を、適者生存を決定づける人種闘争とみなしていたとされており、彼は、スラブ民族がすぐれていることがわかったと言い、少なくともドイツ民族は、優秀な民族であることを証明できなかったのだから、自分と一緒に死ぬのがふさわしいと述べる（Speer 1969）。ヒトラーは、アングロサクソン人もかなり優秀な民族と考えており、様々な時点で彼らとの取引を望んだ。彼の信奉するイデオロギーは、好戦的な人種差別的ダーウィニズムであった。

2　集団安全保障

①集団安全保障の基本的特徴　集団安全保障の基本的特徴は、以下のようにまとめられる。

(1)集団安全保障は、他のアクターと協力することによって、大きな脅威となるアクターに対処するための取り決めであり、脅威をもたらすようなアクターが現状を乱し、現状に挑戦するのを抑止し、思いとどまらせるとともに、そうしたアクターから身を守ることを目的とする。新たに生起する脅威に個々に対処するのではなく規範の制定とその運用の両面で集団的に行動することにより、行動の実効性を高めようとする。

(2)集団安全保障は、初期の、あるいは目前に迫った脅威が特定された段階で、メンバーが何らかの旗の下に結集できるように、一連の規範的原理を利用する。規範的原理は、広く行き渡っている時代精神とともに変わっていく。ウィーン会議が開催された当時の規範的原理は、君主制の擁護、反革命、反民族自決、反自由主義であった。ベルサイユ会議（パリ講和会議）（一九一九年）当時の規範的原理は、自由、民主主義、民族自決、相互不可侵（すなわち、一国への攻撃は、すべての国への攻撃となる）であった。ヤルタ首脳会談当時（一九四五年）の規範的原理は、自由、民主主義、反ファシズム、反植民地主義、人権であった。ジョージ・W・ブッシュ米大統領は二〇〇五年、モスクワで開かれる反ファシズム戦争勝利六〇周年記念式典への参列に先立って訪れたラトビアのリガで、反ファシズムと反植民地主義を、あらゆる種類の暴政と闘う民主主義に置き換えることにより、ヤルタ精神からの明確な脱却を示唆した。二〇〇一年の九・一一テロ以来の反テロ戦争はヤルタからの乖離《かいり》を加速させていったのである。

(3)集団安全保障は、一連の運用スキームを制度化することにより、協力をより実効的なものとする。ウィーン会議当時、制度化は、君主が通常の傭兵ではなく、あたかもペンを持つ傭兵を雇うことで、より有効な外交的位置づけと交流が可能になる古典外交の形をとった。ベルサイユ会議が開催された折には、国際連盟の設立という形で制度化が行われた。国際連盟は、脅威の特定と評価、勧告と決議、脅威に対抗するための活動を規定する運用装置を実現した。だが、国際連盟の創設者たちが大いに落胆したことに、アクターが断固たる決意を持って意図的に規範に従わない場合には連盟が有効に機能しないことがわかった。ヤルタ首脳会談の折には、国際連合の設立という形で制度化が行われた。国連は、安全保障理事会を通じた総会による決議といった運用装置を実現した。安保理では、邪悪な行動をとるアクターや人道的視点からは耐え難い状況に対して国連が特別な措置を講ずるべきかどうかをめぐり、常任理事国が拒否権を行使することが認められている。国連は、その歴史で一度だけ、一九五〇～一九五三年に朝鮮半島の戦場へ国連軍を動員したことがあるが、その第一の理由は、ソ連が安保理の会合をボイコットしたことだ。

②集団安全保障の基本的構造条件　集団安全保障が依拠する基本的構造条件は以下のようにまとめられる。

(1)集団安全保障には、集団的精神において尊重されている一連の規範的原理に照らして、邪悪な行動をとっていると判断される脅威となるアクターが必要である。こうした脅威となるアクターの存在を踏まえて、彼らへの対処法を考え出そうとする努力が払われることが多い。言い換えると、集団安全保障装置やイデオロギー的な武器が作られるためには、それらの使用対象となる悪者が必要なのだ。フランス革命、ドイツ帝国、三国ファシズム枢軸についてもそうした事情があった。

(2)集団安全保障には、イデオロギーの旗が必要であり、その旗を中心にして行動が組織化される。このようなイデオロギーの旗は、時代精神と呼ばれることがある。こうした旗は、シンプルで、明快で、世界が進んでいると思われる方向を指し示していなければならない。それらは、悪夢のような過去を反映すると同時に、明るく輝く未来を予言するものでなければならない。第二次世界大戦について言えば、反ファシズムと反植民地主義がこうした旗となった。二〇〇一年以降の旗は、世界規模の反テロであり、二〇〇五年以降はあらゆる種類の暴政に対する民主主義である。二〇〇五年、ブッシュ大統領は、ラトビアのリガで、このテーマに関する声明文をきわめて明瞭に、そしてきっぱりと読み上げた（Inoguchi 2005d）。

(3)集団安全保障には、脅威となるアクターを抑止し、思いとどまらせるとともに、そうしたアクターから身を守るという使命を担うために動員できる軍事力が必要である。どの制度装置を使って、そしてどの程度の規模の軍隊を投入して、軍事力をどのように動員できるかが、最重要の構造条件となる。それゆえ日本が一九四一年に真珠湾を攻撃したとき、ウィンストン・チャーチルは、米国の参戦により二つの別個の戦争の間に重要なつながりが確立されたことを知って、「我々は戦争に勝った」と述べたのである（Taylor 1965）。統合部隊の指揮を誰が執るかは、集団安全保障で最も難しい命題のひとつだ。最もよく知られているのは、一九六四年米国が北大西洋条約機構（NATO）軍の指揮を執ることをフランスが拒んだことである。同様に、NATO軍によるコソボ介入（一九九九年）の折にも統帥権の問題が生じた。先端兵器と軍事訓練の点で米国が圧倒的優位を占めていること、つまり他国の軍隊が米国軍についていけないことに鑑み、米国が他国の軍隊をその指揮下には置かないことが従来の慣行であった。

3　単独行動主義

①単独行動主義の基本的特徴　単独行動主義の基本的特徴は、以下のようにまとめられる。

(1)単独行動主義は、声明を発表するのが大好きである。それは、多少の協議のあとで、他者が従うことを期待する。パスカル・ラミー世界貿易機関（WTO）事務局長（ラミー 二〇〇四）が比喩的に述べたところによれば、多国間フォーラムの場で、米国は、メガフォンを使って声明を発表する。それに対して、西欧人は、こうしたフォーラムで交渉が進行している間に、メンバー国と電話で連絡を取り合う。さらに、日本人は、国内の様々な利害関係者を代表する官庁の代表者として、代表団の内部で議論を開始する。結果は、単独行動主義的（unilateral）な強い米国、多国間主義をとる（multilateral）巧妙な欧州、ときおりベクトルがなくなる（nullilateral）日本ということになる（Inoguchi 2005c）。

(2)単独行動主義国家はしばしば自分の信念に基づいて行動したがる。信念に基づいて活動するので、費用に関して少々向こう見ずなところがある。信念のせいで目が曇り、費用が見えなくなるため、米国はいかなる代価を払ってでも行動することがときどきある。こうした行動は、米国が唯一の超大国であるという事実と、米国はそうした地位を今後も保つべきだという信念と関係している。この点で、何が何でも世界的な反テロ戦争を遂行しようとする米国の決意を、第二次世界大戦中に「何が何でも勝利」を勝ち取ろうとしたチャーチルの決意と比べることができるかもしれない。単独行動主義国家は国際社会での優位に陰りが生じる可能性もあるが、あまり早期にそうしたことが起きないようにするために、自らが無敵の存在であると信じ続ける傾向がある。かくして、英国は一九世紀末から二〇世紀初頭にかけて、巨額の戦費を投入して南アフリカでボーア戦争を遂行し、その衰退を早めた（Scholtz 2005）。米国の対イラク戦争に関して、イラク戦争が米国の衰退ペースを速めた可能性があるとコメントされることがときどきある。

(3)単独行動主義国家は主として国益に基づいて行動したがる。国益の計算に第一の基礎を置いているため、多国間外交は最優先事項ではない。むしろ、多国間の機構とフォーラムは、自国の政策目標を推進するための道具として用いられる。米国のジョン・ボルトン元国連大使は、国連が、米国にとって必要なときに使う外交政策の道具であることを明らかにしている（Bolton 2000）。米国は、多国間機構が米国独自の行動を制約するとみなされる場合には、多国間機構に否定的な態度をとり、地球規模の作戦行動を展開するための道具とみなされる場合には肯定的な態度をとる。とはいえ、おそらく米国がオランダ、カナダ、北欧諸国、イラン、ハンガリーとともに、多国間外交の素養が最も高い国のひとつであるという事実は変わらない。これらの国々は、多国間外交の最前線に最優秀の外交スタッフを配置している。

②単独行動主義の基本的構造条件　単独行動主義の基本的構造条件は、以下のようにまとめられる。

⑴米国の議論の余地のない軍事的優位は、単独行動主義を本格展開するための絶好の環境を米国に提供する。世界最大の空軍が米空軍であることは誰でも知っているが、二番目に規模の大きな空軍がロシアの空軍でもなければ、中国、フランス、英国、日本の空軍でもないことは、それほど広く知られていない。世界第二位の空軍力を保持するのは、米海軍である。米国の軍事的優位を支えているのは、他を圧倒するほど巨額の兵器向け研究開発費で、全世界で兵器と軍事システムの研究開発につぎ込まれる費用の八五パーセントを占める。これは、不運な事故や失敗が起ころうとも、今後二〇～三〇年間は、米国が圧倒的な軍事大国であり続けることを保証する数字である。

⑵米国例外主義の伝統が、米国の単独行動主義のより永続的な歴史的基盤を形成している。米国は、欧州とは異なり、人種、階級、富、宗教に基づく差別と搾取という古い考えに染まっていないから、例外的な国家ということになる（Lipset 1996）。米国をこのような理想の比類なき源とみなす確かな傾向があるが、この反歴史的な、使命感にあふれた理想主義が全員一致の見解でないことは確かである。二〇〇一年一〇月の愛国者法の成立に伴って、反テロ戦争のために多くの米国的「権利」が犠牲にされた。その代わり、米国は、自由と機会の地を提供し、多くの移民、商人、投資家がひっきりなしにやってくる。また、米国は、自由、資本主義、民主主義、人権といった不朽の概念を、米国からそれらを取り入れることによって利益を得たいと強く願う人々に提供するから、例外的な国家ということになる。ここには、米国が世界の他の国々において民主主義を促進することの観念的な基盤がある（Smith 1994; Cox, Ikenberry, and Inoguchi 2000）。

(3)単独行動主義は、米国が衰退し始めないうちに、世界の市民を社会化するとともに、合意を制度化するべく行動しなければならないという米国的精神を反映している。米国のゆっくりとした衰退を象徴的に示している事例で、最も注目に値するのは、次の三つである。(a)一九七一年にドルと金の交換が停止され、一九八五年からは他国の通貨による大量のドル買いが行われるようになったため、米国の国際収支は、英国、日本や、最近では中国といった主要な外国によって支えられているうえに、新たに誕生した国際通貨ユーロによる貿易取引総額が二〇〇一年にドルを抜いて最大となった。(b)『ケミカル・アブストラクツ』などの専門誌によれば、科学的進歩の面で他の主要国に着実に追い上げられている。(c)単独行動主義を安易に推進し、大げさなスローガンを掲げて世界的な反テロ戦争を遂行した結果、費用が天文学的な額に達した。

3―周縁化された人々がしばしば展開する三つの枠組み

周縁化された人々は、自分の声を聞いてもらうために、(1)人民戦争、(2)ピープル・パワー、(3)世界的テロという、支配者側の枠組みとは対立する枠組みを展開する。

1　人民戦争

①人民戦争の基本的特徴　人民戦争の基本的特徴は、以下のようにまとめられる。

(1)人民戦争は、侵略、占領、植民地化を担う正規軍によって屈辱的な目に遭わされ、周辺に追いやられた人々によってしばしば採用される枠組みである。人民戦争は、ゲリラ戦と呼ばれることもある。ゲリラとは、侵略者／占領者に対する非正規軍の小部隊による抵抗を意味するスペイン語である。ナポレオンがスペインを征服した当時、頻繁に用いられるようになった。大国が、ナポレオンの大陸支配に立ち向かうべく、反転攻勢に出るための方法を模索していたとき、占領下にあったスペインの人々は、ナポレオン軍にゲリラ戦を仕掛けた。米国の独立前後の時期に、北米で起きたインディアン戦争における米先住民による抵抗は、ゲリラという用語が一般化する前だったにもかかわらず、最もゲリラ戦的な特徴をはっきり示した（Jennings 1975; Thornton 1987）。ゲリラ戦は、後述する基本的条件が整うと、繰り返される。

(2)人民戦争は、大国の中心部ではなく周辺で起きる。したがって、トランスバール共和国とオレンジ自由国の植民地化を図った英国が、ボーア人の土地を没収するために彼らの抵抗を排除しようとしたときに勃発したボーア戦争も、人民戦争であった。ボーア人は決意を胸に、執念深く英国の正規軍に立ち向かった（Thornton 2000）。最もよく知られているゲリラ戦には、たとえば、二〇〇万の精強な兵からなる日本の占領軍を相手に中国人が展開したものや、ベトナム人がその完全独立を阻止しようとしたフランス軍と米軍を相手に展開したものなどがある（Herring 1979 ; Fall 1967 ; Marr 1995）。

(3)人民戦争は、暴力を用いる。それゆえ、毛沢東は「権力は銃身から生まれる」と述べている。人民戦争を展開するには、戦略家が兵の体力の回復を図り、体勢を整えるために、山、砂漠、森林といった難地形にこもることのできる空間が必要である。したがって、中国における人民戦争について言えば、湖南省の井崗山と陝西省の延安が、戦争を遂行するうえで重要な役割を果たした（Short 1999）。

②人民戦争の基本的構造条件　人民戦争の基本的構造条件は、以下のようにまとめられる。

(1)人民戦争を効果的に遂行するには、侵略軍、占領軍、介入軍、あるいは政府にとって作戦行動を展開するのがきわめて困難な砂漠、山岳地帯、ジャングルといった地理的聖域が必要である。反逆者、反体制派、革命家は、兵器の水準では、質量ともに侵略者や政府に圧倒されるのが通例なので、人民戦争を遂行する者にとっては、相手が容易に踏み込めない聖域を持つことが不可欠である。

(2)人民戦争を成功させるためには、民衆の支持を得る必要がある。それゆえ、毛沢東は「人民の大海の中で泳ぐ」と述べている。民衆の支持は、人々を丁寧に、そして礼儀正しく扱うとか、厳しい食糧難にあえぐ人たちに真っ先に食糧を配るなど、立派な態度をとり立派な政策を実行することによって得られることが多い。

(3)人民戦争を成功させるためには、腐敗した政府や弱体化した政府などの「悪者」が必要である。この点についても、毛沢東は「誰が敵で誰が友なのか。これは、革命運動を拡大していくときに最も重要な問いかけのひとつである」と述べている。反逆者や革命家は、政府が富裕層の味方であるとか、外国の手先であることを明らかにすることにより、人民戦争を支えてくれる新たな兵士やシンパを動員することができる。

2　ピープル・パワー

①ピープル・パワーの基本的特徴　ピープル・パワーの基本的特徴は、以下のようにまとめられる。

(1)ピープル・パワーは、非暴力的な行動をとる。暴力に訴えれば、政府による激しい弾圧を招くのが通例なので、かえって逆効果となる。したがって、ピープル・パワーの規範は、圧倒的な軍事力を保有するのが常である対抗勢力から挑発されても、冷静さを失わないことである。マハトマ・ガンジーの成功には多くの理由があるが、そのひとつが挑発されても動じることなく、ゆるぎない姿勢を保ったことであるのは明らかだ（Ackerman and Kruegler 1994）。

(2)ピープル・パワーには有能な指導者が必要である。ここでいう有能とは、信奉者を引きつけるカリスマ性がある、情熱のこもったスピーチをするなかで自分の考えを明確に表明できる、有言実行で結果を出せる、困難な状況を前にしても沈着さを失わない、部下の失敗に関して寛大である、という意味だ。

(3)ピープル・パワーには、良好な国際環境が必要である。ここでいう良好とは、まずまず友好的で、害のないという意味だ。世界の関心が注がれる必要がある。政府、占領者、侵略者によるいかなる残虐行為にも注意が払われるべきである。ピープル・パワーは、こうした関心から恩恵を受けることができる。二〇〇二年、韓国に駐留する米国第二歩兵師団の装甲車が女子中学生二名をひき殺したことが発覚した折に、同師団は、米韓の取り決めに従って、二名の兵士を軍事法廷にかけた。法廷は、直ちにこの両名に無罪を宣告した。韓国の人々は、この判決に抗議するため、街頭でデモを繰り広げた。ピープル・パワーが国民の心を動かした。その後まもなく、正義と反米主義というテーマを広く訴えた盧武鉉が大統領に選ばれた（Kim 2005）。

②ピープル・パワーの基本的構造条件　ピープル・パワーの基本的構造条件は、以下のようにまとめられる。

(1)非暴力の行動が展開されるのは、統治者と被統治者の双方が自制の美徳と武力行使しないことのメリットを知っている場合に限られる。言い換えると、統治する側は、武力行使して民衆側に死者が出れば、状況が悪化し、民衆の怒りに火がつきやすいことを知っており、統治される側は、暴力を手段とする反体制運動を展開すれば、抑圧装置が大々的かつ組織的に配備される結果となるかもしれないことを知っている。ガンジーが英領インドで一九三〇～一九三一年に無抵抗不服従運動を主導した折には、こうした打算が両陣営にあり、均衡が崩れるまで続いた（Sharp 1979）。一九四〇年代に入ると、ガンジー率いるインド国民会議は、非暴力的な行動を主導する一方で、対日戦を展開する英国を支持した。インド共産党はソ連を支持した。スバス・チャンドラ・ボースは、日本軍の占領下にあった英領マラヤでインド国民軍を組織し、シンガポールの広場で「デリーに進め！」の号令下、英領インドの一部だったビルマに進軍し、英国軍と戦った。

(2)非暴力の行動は、不満の改善と紛争の解決を期待して行われる統治者と被統治者の交渉に結びつく。統治者が武力を行使するべきかどうかという選択を迫られるときに、被統治者側のリーダーが非暴力的なイニシアティブをとれば、そのこと自体が社会にとっての明るい兆しとなる。一九三〇年に、植民地政府は、ガンジーの非暴力的な行動に対して、非暴力的な法的手続きをとるという形で報いた。両陣営が非暴力の美徳を理解していたことは明らかだった。統治される側にとっては、自分たちの不満を相手方に感じ取ってもらううえで、統治する側にとっては、植民地における政治的安定に対する自分たちの関心を相手方に知ってもらううえで、非暴力が有効だった（Sharp 1990; Ackerman and Kruegler 1994）。

(3)非暴力の行動は、法の支配がまずまずしっかりと確立される市民社会の形成と結びつく。植民地政府の統治下でさえ、多くの先住民エリートが政府内に適度に取り込まれていれば、市民社会の形成は可能である。植民地政府の下では、往々にして差別的慣行が見られるけれども、露骨な専制政治が行われなければ、初期形態の市民社会が誕生する余地はある。

3　世界的テロ

①世界的テロの基本的特徴　世界的テロの基本的特徴は、以下のようにまとめられる。

(1)世界的テロは、国境を越えて活動する非国家のテロ組織によって扇動される暴力的行為の形をとる（Roberts 2002; Freedman 2002; Lewis 1967）。テロリストが暴力を振るうのは、テロに関与するときだけで、日常活動に従事しているときに暴力を振るうことは絶対にない。世界的テロは、イスラム教、無政府主義、環境保全主義、人権といった基本原理に対する信念に基づいている。身柄を拘束されたテロリストのプロフィールは、ＷＴＯ、世界銀行、国際通貨基金（ＩＭＦ）、日米欧委員会、主要八カ国財務大臣・中央銀行総裁会議（Ｇ８）の会合などの折に、直接的で、集団的で、ときには暴力的でもある行動をとる環境保全活動家のプロフィールと驚くほどよく似ている。彼らは、日常生活では、どちらかと言えばごく普通の、礼儀正しい市民だが、自分が果たすべき使命を知ると、時に常軌を逸する行動をとる。

(2)世界的テロは、世界規模のネットワークで結ばれた信念保持者たちがテロをたくらむという構図をとる。世界的テロの鍵となるのは、国境という枠組みを超えたネットワークである。彼らは、その信念と使命感に従って、世界規模のネットワークを構築し、地域で活動する。アフガニスタンで行ったように、国家機構全体を乗っ取り、あたかも植民地化することもときにはある。あちこちに自らの共同体を築き、支部団体がそこで独立した政治組織を結成することもある。

(3)世界的テロは、人間の不幸と不公平の原因とみなされるものに挑戦することを目標とする。また、国民を守る立場にあるエリート支配層の責任に疑問が投げかけられるよう仕向けるために、市民を殺傷する形をとる。圧倒的な戦力を持つ正規軍には立ち向かわない。相手を困らせる戦略を用いる。それは、力の格差と絶望に対する認識によって実行される。その原因は、構造的に世界政治と世界経済にたいへんしっかりと組み込まれているとみなされるため、集団で効果的に実行される最も「勇敢」で「献身的な」行動だけが、権力の座にある「不信心な」集団に永続的な影響を与えることができる。

②世界的テロの基本的構造条件　世界的テロの基本的構造条件は、以下のようにまとめられる。

(1)世界的テロが起きるには、周縁化された人々が耐え難い閉塞感を感じており、世界の構造的な問題にその原因があると考えていることが前提となる。すなわち、軍事、政治、経済、文化の面で圧倒的な優位に立つ超大国が他国の対抗能力を見くびって傍若無人な振る舞いをするとか、地域市場が世界経済にしっかりと組み込まれているため、周縁化された人々が、大国の特権階級によって定められた、彼らにとって都合のよいルールや慣行にがんじがらめにされており、なかなか逃れることができないといった状況があるということだ。

(2)世界的テロには、その目標設定、訓練、作戦遂行に瞬時に動員できるすぐれた通信ネットワークが必要だし、要員一人が殺せる人数が非常に多く、常備軍やゲリラ部隊を使わなくても相手方に甚大な被害を与えるハイテク兵器を簡単に利用できることも必要である。

(3)世界的テロには、彼らの目標設定の実効性を最大限に高めることのできる理論的／神学的な教養がなければならない。彼らの戦略は相手を困らせることであり、可能なら、彼らがエリート支配層とみなす相手の能力の少なくとも一部を、たとえ一時的にせよ奪うことなので、事前に世界政治と世界経済の現状を分析したうえで今後の動向を正確に予測し、目標設定をきちんと行わなければならない。

4—総合命題としてしばしば行われる三つの枠組み

命題（テーゼ）と反命題（アンチテーゼ）の対立から生じる総合命題としての三つの枠組みは、以下のようにまとめられる。それらは、(1)植民地主義者の無関心、(2)人道支援、(3)人道介入である。これらの総合命題は命題と反命題の対立競争の中から生まれる。そして命題は反命題の挑戦を受け、抑圧と懐柔、欺瞞と和解を混ぜながら対処する。反命題は命題に大きな挑戦となることによって、命題の自己変革そして反命題の体制化を促進する。その産物が総合命題である。植民地主義者の無関心とは、貧困と不幸のどん底に追いやられた人々に対する植民地主義者の冷淡な態度を意味する。人道支援とは、ひどく困窮している人たちに、政治的な条件を付帯させることなく供与される緊急の支援を意味する。人道介入とは、介入される国家の主権が何を意味するのかを顧みることなく、人災の発生地に軍事力を積極的に展開することを意味する。

1　植民地主義者の無関心

①植民地主義者の無関心の基本的特徴　植民地主義者の無関心の基本的特徴は、以下のようにまとめられる。

(1)植民地主義者の無関心とは、植民地主義者が植民地化された土地の人々を自分たちと平等な存在とは通常みなさず、一般的に彼らに対して冷淡であることを意味する。災害が発生したり、先住民同士が反目したりすることがあっても、植民地主義者の関心は、彼らの面倒を十分に見ることには必ずしも向かない。そもそも、未開人を文明化するのは進歩的な人間の使命であるとの理由で、植民地主義が正当化されることがよくあった。植民地化された土地の人々は、十分な自由を与えられない。それゆえ、たとえば、アマルティア・セン（Sen 1981）が言うように、植民地時代のインドでは、大規模な飢饉が何度も起きたが、独立後のインドでは大きな飢饉は一度も起きていない。独立後は、政府が地域の状況に目配りするとともに、農作物の作柄や備蓄状況についての情報を具体的な数値を挙げて流している。独立後間もない時期に、インドの統計学者が食料需要を正確に予測できたことは、国民に対する政府のケアが厚いことの現れである。

(2)同じような文脈で、植民地保有国は、よほど大きな利害が絡まない限り、植民地で内戦が起きても介入しない。二〇世紀の初めにペルシャで内戦の嵐が吹き荒れたとき、英国のある外交官は、「自業自得なのだから、おたがいの人肉でシチューを作らせておけばよい」と言い捨てた(Axelrod 1976)。植民地主義者たちは、中に割って入る代わりに、傍観し続け、戦いが自然に終わるのを待った。

(3)しかし、飢饉、内戦、デモ、労働争議などのために植民地支配の基盤が損なわれると、植民地主義者は、情け容赦なく介入し、弾圧する。一八五七年のセポイの反乱のときがそうだった(David 2003)。一九五〇年代の仏領アルジェリアでも状況は同じだった(Horne 2006)。

②植民地主義者の無関心の基本的構造条件　植民地主義者の無関心の基本的構造条件は、以下のようにまとめられる。

(1)植民地は、大国の強い関心の埒外《らちがい》にある。植民地主義者の無関心が三つの総合命題のうち、第一の枠組みとなるためには、こうした特徴が明示的に存在しなければならない。植民地は、欧州主要大国の間の紛争のうまい解決策が見つからないときに、大国が調整作業を行うための空間とみなされる領域である。二〇世紀に、植民地の数は、①第一次世界大戦後、②第二次世界大戦後、③二〇世紀最後の四半世紀という三つの波を経て着実に減少した(WorldStatesmen.org 2006)。一九四五年に国連本部ビルが設計されたとき、建築家は、国連加盟国の数は五〇カ国前後を念頭にしていた。しかし、加盟国数は、早くも一九六〇年代末には一〇〇カ国以上に達した。二〇〇七年の時点で、加盟国は一九二カ国である。

原加盟国は五一カ国で、残りの国の大半が、かつては西洋諸国の植民地だった。

(2)植民地化された土地の人々は、欧州在住者が大部分である植民地主義者より劣った存在とみなされる。植民地化された土地の人々は、二流の世界市民というレッテルを貼られるのだ。したがって、植民地主義者の見解によれば、植民地に十分な注意を払わないことは正当化される。かつて、社会ダーウィニズムおよびその亜種の考え方が、政治エリート、ビジネス・エリート、植民地エリートの間に広く行き渡っていた。このような考え方が、たかだか七〇年ほど前でしかない一九三〇年代まで、エリート層の間に幅広く定着していたのだから、多くの人々にとっては驚きである。

(3)植民地で高度なテクノロジーを利用できるのは、植民地エリートに限られる。通信技術と軍事技術の大部分は、植民地エリートによって独占される。植民地主義者が植民地化された土地の人々を軽蔑し、通信と兵器を独占するとき、植民地主義者は完全に優位にたっている。その認識からすれば植民地の不幸、災害、対立に無関心になるのは至って自然なことだが、正当化されるべきでも、合法化されるべきでもない。

2　人道支援

①人道支援の基本的特徴　人道支援の基本的特徴は、以下のようにまとめられる。

(1)人道支援は、政治を超越するものとして行われる。政治的な分裂がこうした取り組みに厄介な障壁をもたらす場合でも、困窮しているのは自分たちと同じ人間であるという共通性に訴える。したがって、たとえば、ある国の政府がきわめて圧政的かつ専制的である場合でも、民衆が大規模な飢饉や、地震や津波といった大災害のために耐えがたい苦しみを味わうことがないよう、そうした政府にも人道支援が供与される。

(2)人道支援は、国家政府、国際組織、非政府組織（ＮＧＯ）によって現地政府に供与される。政府が中心となるのは、人道支援はあくまでも人道的熱情に根ざしたもので、政治的な思惑は介在しないという点で、援助供与者と現地政府が見解を一致させているからである。あるいは、二〇〇五年のソマリアのように、中央政府が存在しない場合ですら、ＮＧＯと国際組織によって人道支援が供与される。

(3)人道支援の供与者は、実効的な援助の実施を目ざすと同時に、干渉的にならないよう心がける。援助供与者が、たとえば、医薬品や食糧が現地で本当に困窮している人たちの元へきちんと届けられるかどうか確信が持てず、不安を感じているときに、干渉的な態度をとれば、現地政府から忌避される。二〇〇五年に、北朝鮮が世界食糧計画（ＷＦＰ）の人道支援を拒んだのがよい例である（Martin 2005）。ＷＦＰは、食糧の輸送状況を監視した。すなわち、食糧が計画どおり目的地に運ばれ、援助対象者の手に渡ったことを確認するために、誰がいつ、何を、どのようにして受け取ったかをチェックした。北朝鮮政府は、こうした手法を干渉的かつ侮辱的と受け止めたのである。

②人道支援の基本的構造条件　人道支援の基本的構造条件は、以下のようにまとめられる。

(1)人道支援には、たとえどれほど無能で圧政的で専制的であろうとも、自立している現地政府が必要である。中央政府が不在だと、物資とサービスを受け取り、困窮者に配る活動の要となる組織がないことになる。

(2)人道支援は、人道主義的な思いやりに基づいている。人道主義的な思いやりに基づく人道支援を行っても、困窮している人々の不幸や貧困が改善されないのであれば、そして、こうした支援が無能あるいは独裁的な政権を延命させ、圧政的な特権エリート層に甘い汁を吸わせるだけなのであれば、人道支援という概念そのものに反するので、支援の正当な大義名分が失われる。

(3)人道支援は、圧政的であったり専制的であったり無能であったりする政府でも、放置しておくわけにはいかないという考えに基づいている。人道支援のような積極的な関与を行えば、そうした政府を内側から監視できる。二〇〇五年に、北朝鮮がＷＦＰによる食糧援助の打ち切りを求めたのは、そのためである。人道支援活動が政治的な諜報活動や産業スパイ活動と紙一重となることがときどきある。

3　人道介入

①人道介入の基本的特徴　人道介入の基本的特徴は、以下のようにまとめられる。

(1)人道介入は、紛争地に外から強制的に軍隊を送り込み、邪悪に振る舞うアクターに活動を停止させる形で行われる。強制外交 (coersive diplomacy) やオフショア・バランシング (off-shore balancing) 以上のことをする。強制外交とは軍事力を駆使して敵対者を言葉ではなく武力で説得しようとする外交のことである。オフショア・バランシングとは上陸せずに海岸に軍艦を停泊させ軍事力を誇示することによって勢力均衡の計算が陸上だけでなく海上の軍事力をも考慮に入れてなされるようにすることを指す。

(2)言い換えると、これは外科手術に相当する。アルバニア系コソボ人がセルビア系コソボ人に迫害されたコソボ危機では、ベオグラードから送り込まれたセルビア軍がＮＡＴＯの介入を受けた。セルビア人にアルバニア系コソボ人に対する迫害をやめさせるための方針と戦略をめぐり、米英の指揮官の意見がはっきり分かれた。米軍の指揮官が地上軍の投入による本格介入を望んだのに対して、英国が主導する欧州軍の指揮官は空爆による任務遂行を望んだ。より根本的なところでは、人道介入そのものの是非についても議論がある。学者の意見も世論も割れており、賛否相半ばする状況である（Chandler 2006; Holohan 2005）。

(3)人道介入では、国家主権より人民主権が尊重され、国家の権利ではなく人権が擁護される。国家主権は聖域を持たない。言い換えると、人道介入は、普遍的人権に基づく行動の形をとる。アフガニスタン戦争は、世界的テロに対する懲罰措置として敢行された。世界的テロリストは、二〇〇一年九月一一日に、米国の力を象徴する重要なビルを攻撃した。それに対する報復措置として、米国は、世界的テロリストが何年も前に乗っ取り、権力基盤を固めていたカブールおよびその他の軍事基地を攻撃した。世界的テロリストは人権と主権を侵害しており、彼らのさらなる活動を阻止する必要があるというのが、米国政府の軍事介入正当化の理屈である。

(4)人道介入では、一時的に集団軍事行動も辞さないとの立場をとる国々が臨時連合を組織する。国際的な決議により、そうした軍事行動に合法性のお墨付きが与えられることもあれば、軍事力を行使するアクターの政治的意志と軍事的優位だけが頼みの場合もある。人道介入は大きな試行錯誤を繰り返しつつ、小規模ながら制度化される傾向がある。

②人道介入の基本的構造条件　人道介入の基本的構造条件は、以下のようにまとめられる。

(1)人道介入は、情け容赦ない市場の影響力により、不安定と混乱の要因となる破綻国家が周辺に生み出されるグローバルな構造に基づいている。グローバリゼーションの時代においては、経済基盤の弱い国家がグローバリゼーションに遅れまいとする粘り強い努力と創意工夫を怠れば、あっさりと坂道を転げ落ちることになる。とりわけ、東西の対立が終焉したことにより、同盟国や保護国を守り、その生き残りを図るために途上国世界の諸国に介入しようとする米ロのインセンティブが減退した。冷戦終結後、そうした諸国の一部は見捨てられた。これらの国々では、米国はそれほど大きな利害関係を持っていなかったのである。したがって、二一世紀の初めに、破綻国家ならびに破綻に向かいつつある国家は合計三〇～五〇カ国に達する（Foreign Policy 2005）。

(2)人道介入は、個人の自由・人権尊重の原則が内政不干渉の原則に優先するとの考えに基づいている。国家主権と人民主権のバランスは、二〇世紀の最終四半世紀に、確実に後者に傾いた。国際関係論のテキストに関して言えば、もっぱら国家主権、国家安全保障、国益について論ずる執筆者の数が減る一方で、紙面の三〇パーセント以上を、人権、民主主義、不平等、ジェンダー、世界のエネルギー、環境といった話題に割く執筆者の数が増えている（Goldstein 2006; Russett, Starr, and Kinsella 2004）。

(3)人道介入は、欧米の残忍な力が、信念に基づく自由・民主主義思想と結びつくという世界構造に基づいている。様々な主張が次から次へと唱えられる一方で、米国による一極支配という厳しい現実があるため、米国が自由、人権、民主主義、平等を促進し、普遍化するという固有のイデオロギーを掲げて人道介入を支援する場合には、武力行使を伴う人道介入が行われる（Smith 1994）。

5―弁証法的瞬間

二〇世紀全体を振り返ると、政治的安全保障の枠組みと精神構造が世界規模で変化する弁証法的瞬間とでも呼べそうな出来事が実際に存在することがわかる。命題と反命題が正面から対立するときにこうした瞬間が生じるのはきわめて自然なことである。このような瞬間が新たな総合命題を生み出す。二つの力の相互作用が、結果的に新たな総合命題をもたらすのはきわめて自然なことだ。ごく概略的に見て、拡大二〇世紀には、大きな弁証法的瞬間が三つあった。ここでいう拡大二〇世紀とは、一八九〇年から二〇二五年までのことである。一八九〇年は、ドイツでヴィルヘルム二世による親政が始まり、第二帝国が台頭する年であり、二〇二五年は、米国の単独行動主義がグローバル・ガバナンスに統合されるか、もしくはそれ自体が崩壊することが予想される年である。第一のテーゼは、勢力均衡システムだった。一九世紀の大半を通じて、欧州の列強間に成立していた勢力均衡は、二つの歴史的動向に基づいていた。第一に、ナポレオン戦争と戦後にウィーンで開催された講和会議は、人口規模がほぼ同じで、イデオロギーの傾向も似通っている（反革命的）大国間の現状を制度化した。二番目に、一九世紀末までは、英国が制海権を掌握していることが、大陸の大国によってある程度黙認されていた。人口増が最も著しかったのはドイツである。ロシア人やその他のスラブ民族の人口増は、ほぼ同時に起きた。当時の最先進国、フランスと英国が、近隣地域での領土拡大が頭打ちとなっていたせいで、大幅な人口増を経験しなかったことにも言及しなければならない。農地には不適と考えられていた北欧の土地で小麦とジャガイモの生産高が増えたおかげで、ドイツとロシアでは人口増が可能となった。しかし、欧州に根づいていた勢力均衡システムに対するアンチテーゼを提起したのはドイツだけだった。ドイツは、鉄とパンを結びつけることができた（Gerschenkron 1962）。ドイツは、軍事力の強化を通じて勢力均衡システムを弱体化させるために、この結びつきをきわめて有効に活用することができた。ドイツの東方にあった二つの帝国、すなわち、ロシアとオーストリア＝ハンガリーは、鉄とパンを結びつけることができなかった。製鉄量では、ロシアもオーストリア＝ハンガリーも、英国やドイツの水準には及ばなかった。そのうえ、これら二つの帝国は、領内に多様な民族を抱えており、その対立に頭を悩ませていた。簡単に言うと、これら二つの帝国は、国家の再編を迅速に行うことができなかった。二番目に、一九世紀末に新たに束縛から解き放たれたドイツが、英国の制海権に挑んだ。欧州で長らく保たれてきた勢力均衡システムの前に、工業化、ナショナリズム、植民地主義という新たに台頭してきた一連の力が立ちはだかった。工業化は、国際関係のゲームのルールを変えた。工業化を通じて力をつけなければ、勝利の状況を心に描くことはできない（Landes 1998）。工業化が国際関係のゲームを表面的な国際取引のレベルから国家経済の構造的なレベルに変えたとすれば、ナショナリズムは、国際関係のゲームを表面的な外交のレベルから構造的な国内の政治経済体制のレベルに変えた（Smith 2001）。同様な文脈で、植民地主義は、国際関係のゲームを、表面的な欧州域内の問題から真にグローバルな問題に変えた（Amin 1974; Wallerstein 1974-1980; Frank 1998）。これらすべてが、悲惨な戦禍と残虐行為をもたらした前例のない出来事、第一次世界大戦を招いたのである。第一次世界大戦が二〇世紀における弁証法的瞬間であることは真実である。

大国のレベルで勢力均衡から集団安全保障への変化が生じたのだとすれば、周縁化された人々や搾取される人々が逃げ道を見つけようとした草の根レベルでは、どのような変化が生じたのだろうか。勢力均衡へのアンチテーゼは人民戦争、すなわち、もっと一般的な言い方をすれば、国内レベルであれ、世界レベルであれ、権力層に対して集団で行う一か八かの抵抗活動である。相手が圧倒的な重武装を持ち、専門的な訓練を受けている軍隊であることを考えれば、人民戦争など、しょせん蟷螂《とうろう》の斧でしかなかった。人の海の中に潜み、自分たちにとって有利な時期と場所を選んで、武装した軍隊――侵略してきた外国の軍隊であれ、国内の支配者の軍隊であれ――をときおり悩ますという戦略に頼る以外にない。一九世紀の長い歴史の中で、侵略者や支配者に対する荒々しい武力抵抗として注目に値する事例を三つ挙げることができる。インドで起きたセポイの反乱、中国で起きた太平天国の乱、アフリカで起きたボーア戦争である。セポイの反乱を起こした人々は、もともとインド駐留の英国軍に雇われていたインド人兵士だったので、重武装していた。太平天国の乱を起こした人々は、重武装していたうえに、清朝打倒という革命的な目標を掲げていたため、社会に深く根を下ろしていた。ボーア戦争は、南アフリカのオランダ人入植者があとからやってきた英国の資本家、鉱山業者、専門訓練を受けた軍隊に対して行った断固たる抵抗活動であった。もっとはるかに規模の小さな抵抗は、歴史にたいした痕跡を残すこともなく鎮圧された。民衆の力が最も強く実感されるのは、一部の大国が、国民の供給能力の限界を超えた、極端な資源動員を行いたいと考えたときだった。大国が普通圧倒的な力で鎮圧することが多いが、衰退に向かう段階で間違った判断から資源動員が常軌から外れ、国内の反対で行動が拘束されると、植民地の抵抗が大きなインパクトを持ちやすくなる。二〇世紀の初めに起きた代表的な例は、欧州の四つの大帝国、すなわち、ロシア、ドイツ、オーストリア＝ハンガリー、トルコの崩壊である。これらの帝国が第一次世界大戦中の戦争遂行に伴う過重負担のために結局倒れたのは、民衆に深く根を下ろしておらず、民衆の力を最大限に利用することができなかったからだ。この点は勢力均衡システムの本質的な限界である。それらの帝国が草の根の国民に寄せる関心と、国民を動員する能力は、本質的にきわめて限られていた。勢力均衡に対するアンチテーゼは、人民戦争である。ここでは、専制的で指導力のない支配者に動員されるのを人々が拒否することも人民戦争に含める。言い換えると、人民戦争は、支配者による動員に対する日常的妨害の形をとる。言うまでもなく、これに対応する特権階級層の姿勢は、騒動や混乱がトップの支配層に深刻なダメージを与えると判断されない限り、植民地主義者の無関心である。一八五七年のセポイの反乱に対する英国の政策と一九三〇〜一九三一年のガンジーの無抵抗不服従運動に対する英国の政策を比べれば、特権エリート層の考えが、残忍な弾圧から部分的和解へと変わったことがすぐにわかる。こうした変化は、政治的安全保障をめぐる彼らの考えが勢力均衡から集団安全保障へと変わるのと並行して起きた。

第一次世界大戦をめぐる弁証法で特筆すべきことは、第一次世界大戦は、欧州人のものの考え方に従えば、彼らにとって、そしてそれゆえ世界にとって前例のない災禍であり残虐行為であったという思いから、集団安全保障という新たなジンテーゼが生まれたことである。主要アクター間で合意された規範とルールに違反するアクターは、それが誰であれ、法的措置と制度的措置を通じて抑止し、思いとどまらせ、必要なら打倒しなければならない。ベルサイユ条約に調印した大国は、敵対行為に一丸となって対処することで、侵略者の暴挙を抑えられると考えた。こうした国々は、多国間の制度装置を使うことで、事後の国際的孤立を重く見ながらも軍事的な選択肢を検討している国々を、思いとどまらせることができると考えた。危機が二〇年続くなか、大国間で締結された協定、条約、憲章に従うと宣言する加盟国が非常に多かったことを踏まえて（Carr 1939）、ベルサイユ体制諸国は、仮に他国に侵略する国家が現れた場合でも、集団で軍事力を行使すればこれを打倒できると考えた。

二一世紀の視点で過去を振り返ると、ベルサイユ会議から第二次世界大戦までは、集団安全保障がある程度機能したことがわかる。このようなことを書くと、各方面から強硬な反論が寄せられるかもしれない。しかし、第二次世界大戦が、現状維持国に挑戦した側の敗北という結果に終わったことは、動かしようのない事実である。もちろん、戦争が勃発した以上、システムがきちんと機能していなかったことは明らかだと主張することはできる。だが、筆者が主張しているのは、一九四五年以降システムが変容し、集団安全保障フェイズ・ツーとして生まれ変わったということだ。集団安全保障フェイズ・ツーは、新たな要素を獲得した。第一に、それは欧州という枠組みからはみ出した。それは、イデオロギー的に新しかった。ウィルソンも、レーニンも、観念と価値観の力を信じていたという点でイデオローグであり、新しい考えの持ち主だった。彼らは、それぞれフォード方式、中央計画経済という新たな経済システムを獲得した。二番目に、彼らは、軍事的な戦闘ではなく、抑止力を大いに頼みとした（Brodie 1946）。対立する二つの陣営の戦略核兵器による相互確証破壊という考え方は、従来の取り決め、すなわち、武力をもって共同で侵略に対処する体制の構築が抑止力になるという集団安全保障的な取り決めとはまったく異なるものであった。ここに冷戦、すなわち長い平和の本質がある（Gaddis 1987）。三番目に、一九四五年に国連が発足して以来、集団安全保障フェイズ・ツーに新たな特徴がいくつか加わった。集団安全保障フェイズ・ツーが獲得した特徴で目立つのは、開発、環境、難民、健康、食糧、子ども、文化、通貨、病気などのグローバルな問題に真剣に取り組み、ますます包括的な組織となりつつある国連およびその他の機関を通じて、相互依存のネットワークを保護し、促進することだった（Jacobson and Weiss 1995; Bobrow and Boyer 2005）。冷戦は、皮肉にも政治的安全保障から武力行使的な側面を切り離した。それは、多国間制度を通じたコミュニケーションと相互依存の強化といった政治的安全保障の非戦略的側面への移行も促進した。

集団安全保障フェイズ・ツーは、冷戦期を通じて変容した。第一に、ともに戦略核兵器を保有する両陣営での相互確証破壊に基づく抑止という考え方が公然と重視されていたわけだが、この考え方が極端に走り、当事者に過重負担がかかる結果となった。ロナルド・レーガンが宇宙空間からソ連のミサイルを打ち落とす戦略防衛構想（ＳＤＩ）を打ち出したために、ミハイル・ゴルバチョフは苦境に立たされ、その後、冷戦で米国を盟主とする西側陣営としのぎを削ることをあきらめて改革へと舵を切った。二番目に、世界経済の統合が着実に進むなかで、中央計画経済という閉鎖的システムの継続が困難となり、ソ連が崩壊した。三番目に、相互依存の網の目が構築され、冷戦へと逆行する対立的な安全保障より、米国の軍事的優位の下である種のグローバル・ガバナンスへと発展しつつある協調的な安全保障を、という考え方がいっそう強まった。

さらにもうひとつの弁証法的瞬間が世界的テロとともに到来した。新たなジンテーゼは米国の単独行動主義である。新たに重視されるようになったのは、戦争抑止ではなく、戦闘能力である。冷戦が終結し、米国が圧倒的な軍事的優位に立つようになってから、かなりの時が経つ。しかし、米国が必要とあらば武力行使も辞さないと固く決意したのは、米国の二つの大都市で同時多発テロが起きた二〇〇一年九月一一日のことだ。米国を単独行動主義に駆り立てた要因は、三つ明らかになっている。(1)他の大国が二流国家に転落するなかで、米国は、一方的に武力を行使したいとの意向を強めている。他の大国は楽園を享受しており、しかもそれは米国に寄生してはじめて享受できる楽園なのであるというのが米国の認識である（Kagan 2003）。(2)米国は、金融、テクノロジー、経済など、軍事以外の多くの分野でゆっくりと衰退しているのだから、有志連合は歓迎されて当然である。米国は、むらのある帝国となった（Mann 2003）。言い換えると、米国は、その力を構成する要素が軍事的優位に著しく偏っている国家である。(3)金融、工業、テクノロジーの世界的な機能統合により、グローバル・ガバナンスと呼ばれるべき概念が出来上がった。米国は、無数の協定、企業、政府機関、国際組織、多国間機構によって運営される事実上のグローバル・ガバナンス・ネットワークを最大限に活用するとともに、そうしたネットワークを、盛んにもてはやされている知を基盤とする社会に基づいて、米国によって運営されるグローバル・ガバナンスに変えたがっている（Slaughter 2005; Mandelbaum 2005）。

草の根レベル、すなわち周縁化され、搾取される人々の側での変化についてはどうだろうか。それは、人民戦争からピープル・パワーへの変化であった。勢力均衡から集団安全保障への変化と並行して、人民戦争からピープル・パワーへの変化が起きた。周縁化された人々の側では、集団的な暴力に訴えることなく、人々は、サティアグラハ（真実の把握＝無抵抗不服従運動）を、すなわち、真実には力があること、真実は世界を動かせることを理解するようになった。ここで重要なのは、自分たちには力がある、人々には力があるという大衆の自信が増すことである。こうした変化において、それに劣らず重要なのは、特権エリート層の基本姿勢が変わったことだ。残虐な弾圧から部分的和解への変化が起きたことはすでに述べた。例として、一八五七年のセポイの反乱と、一九三〇～一九三一年のガンジーの無抵抗不服従運動を挙げた。もうひとつの例は、植民地主義者の無関心から人道支援への変化だった。すでに触れたように、一九〇〇年代にペルシャで内乱が発生した折には、現地に駐在する英国の外交官からロンドンの外務省宛てに、「自業自得なのだから、おたがいの人肉でシチューを作らせておけばよい」という趣旨の、思いやりのない、冷淡な電報が送られ、それが政策決定の材料とされた。もうひとつのよい例として、これもすでに紹介したとおり、英領インドと呼ばれていた植民地時代には大規模な飢饉が発生したのに、独立後のインドでは、大きな飢饉は一度も起きていない。この場合もやはり、重要なのはエリート層の基本姿勢が植民地主義者の無関心から思いやりに基づく備えと食糧の配給へと変わったことである。

ここまでのところで、拡大二〇世紀には弁証法的瞬間が二回あったことに触れた。最初が一九一四年と一九三九年の組み合わせであり、二度目が二〇〇一年である。最初の例では、勢力均衡から集団安全保障への弁証法的転換が起きた。二度目の例では、集団安全保障から単独行動主義への弁証法的転換が起きた。最初の転換は、一九一四年と一九三九年の二段階に分けて起きた。両大戦間の一九一九～一九三九年は休止期間にすぎず、その間は、同じ一連の条件が繰り返されたため、修正主義者たちは自分自身の力を最大限に再駆動することを余儀なくされた。

最初の弁証法的瞬間は、すでにその帰趨が明らかになっているので、ここでは二番目の弁証法的瞬間、すなわち集団安全保障から単独行動主義への転換がどのような形で進行しつつあるのかを詳細に説明するために、より多くのスペースを割く必要がある。今回起きている弁証法的転換は、まだその帰趨が定まっていないため、モンゴル帝国の最盛期（一二〇六～一二九一年）と米帝国の最盛期（一九四五～二〇二五年）の歴史的類推を利用することにより、将来予測の手がかりを得ようと思う。私が利用する歴史的類推は、帝国の永続性についての三構成要素モデルに基づいている。このモデルでは、次の構成要素が、帝国を維持するうえでそれぞれ相互補完的な役割を果たすとされる。それは、軍事力、経済力、ソフト・パワーである。この三要因モデルは、マイケル・マン（Mann 2003）の四要因モデルを基にしているが、四つの構成要素のうち二つ、すなわちイデオロギー力と政治力をひとつにまとめてソフト・パワーとしている（Nye 2004）。帝国の様々な局面を検証するに当たっては、比較を単純化するために、三つの力のうちの二つ、すなわち軍事力と経済力に焦点を合わせることとする。

モンゴル帝国、とりわけチンギス・ハーンの治世は、モンゴル帝国がグローバル・ガバナンスに最も近くなったとされる時期である。モンゴル帝国は、ユーラシアの帝国である（Mann 2003；堺屋 二〇〇六）。当時の技術水準を考えれば、それは世界帝国にきわめて近かった。武力行使の頻度（通常考えられているほど多くはなかった）、遠距離通信の巧みな使用、帝国をひとつにまとめるうえでの巧妙な通貨管理から判断すれば、グローバル・ガバナンスにも近かった。第一に、大量殺戮は、後世の歴史家が言うほど頻繁に行われたわけではない。大虐殺は、征服されるべき敵を脅して恐怖感を与え、彼らを無気力にさせるために行われることのほうが多かった。鐙《あぶみ》を使って巧みに馬を操ることにより、馬の肩に乗りながら自由になった両手で武器を扱うことができた。隊列を組んで移動するモンゴルの騎馬軍団は、機動性にすぐれ、攻められる側にとってはたいへんな脅威となった。彼らは、正確な目標設定、大量破壊、軍隊ならびに軍事施設の排除という、二〇〇一年のアフガニスタン戦争と二〇〇三年のイラク戦争においてーーさらに、その後においてもーー米国が果たしたのと同様な役割を果たした。二番目に、駅伝制と呼ばれる早馬を使う通信制度の利用により、モンゴルは、ライバルより優位に立つことができた。ユーラシア大陸全体を覆う広大な領域を支配下に置いたとき、それは決定的に重要な強みとなった。三番目に、彼らの軍票の問題は慎重に管理されていた。平和をもたらすことへの信頼をはっきり示さなければ、軍票はたちまち機能しなくなる。日常の商取引で使用できる通貨に信頼性を持たせなければ、その通貨は他の通貨によってたちまち駆逐される。モンゴル帝国は、軍事的優位と自国通貨への信頼性の点で、現在の米国に匹敵する存在だった。

米国が最高の軍事的能力を世界に誇示したのは、第二次世界大戦中のことである（Ikenberry 2001）。米国が台頭したのは、未曾有の惨禍をもたらした第一次世界大戦を教訓として構築された集団安全保障スキームのおかげである。米国がウィルソン大統領の提案した集団安全保障スキームに乗らないことになったのは歴史の皮肉であるが、第二次世界大戦中に米国のフランクリン・ローズベルト大統領が思案した時にすぐに念頭に置いたのはウィルソンの提案したスキームであり、なぜそれが挫折したかを考える中で、第二次世界大戦後の集団安全保障スキームが生まれたのである。このスキームは、第二次世界大戦中に再構築された。集団安全保障体制への主要参加国がすべて第二次世界大戦の戦勝国だったという点で、それは集団安全保障フェイズ・ツーであった。第二次世界大戦中に作成された集団安全保障のための処方箋が正しかったことを立証した。そのスローガンは、反ファシズム、反植民地主義、自由、民主主義、独立と、たいへん広い範囲に及んでいた（Inoguchi 2007）。一九四五年に、おそらくこれらすべてが実現もしくは約束されると、新たな分裂が増幅された。資本主義者の民主主義体制と共産主義者の独裁体制の対立が始まったのである。しかし、冷戦は、決して物理的に熱くなることのない冷たい戦争であった。米国の政策を決定づけた戦略理論は、相互確証破壊に基づく核抑止論と呼ばれた。米国の軍事的優位はおおむね維持された（Gaddis 2005）。

国際通貨について言えば、一九四五年にブレトン・ウッズ体制が築かれ、米ドルが金兌換性に支えられた国際基軸通貨となった。米国は、国民総生産（GNP）と対外貿易の点で力の絶頂期にあった。米国の優位がその後も続くかのように思われた。しかし、米国が偉大な社会を実現し、ベトナム戦争に勝つという野心的な目標を追うなか、一九七一年にブレトン・ウッズ体制は放棄された（Bergsten 1975; Strange 1976; Block 1977）。それ以後、米ドルは、金兌換性に支えられることなく使われてきた。まるでドル紙幣に印刷されている「我らは神を信ずる」という一文のようである。とくに、一九七〇年代の石油危機以降、米国は経常収支の赤字と財政収支の赤字を常時抱えるようになり、この双子の赤字はなかなか解消されなかった。米国の衰退を云々する議論がかまびすしくなり、米国の外交政策について、米国の覇権を再構築すべしとの主張（Gilpin 1981）と、大国間の協調的ネットワークを構築すべしとの主張（Keohane 1984）がぶつかり合ったが、どちらも、米国が明らかに衰退しているか、遠からず衰退すると認める内容だった。当時は、自嘲的な雰囲気が漂う時代だったので、ローマ帝国の衰退が議論されるようになってからパックス・ロマーナ（ローマによる平和）が二世紀続いたのに対して、パックス・アメリカーナ（米国による平和）は、議論がスタートしたとたんに衰退し始めるかもしれないとささやかれた。

一九八五年のプラザ合意により、様相が一変した。ドイツや日本などの主要国が米国財務省証券（以下、米国債と表記）の購入により米国のドル高に手を貸そうとした。外国の通貨による通貨購入としては前例のない規模で、買い入れ額は文字どおり莫大であった。一九八六年には、人類史上初めて、通貨の取引額が財とサービスの取引額を超えた。それ以来、前者が後者の五〇～一〇〇倍に達する年が続いている。その結果、「地理の終焉」という用語がつくられた。これは、世界的な金融統合の時代が到来したという意味だ（O'Brien 1992)。プラザ合意という革命がパックス・アメリカーナの延命に寄与したことは明らかである。その後、米国政府は、世界経済における同国の対外ポジションと財政ポジションを正式に記録するための統計スキームを変更した。米国外からお金が流入している限り、米国のお金が不足していると認識しない会計スキームにしたのである。米国の対外ポジションと財政ポジションは、三〇年ほど前に比べて、さほど悪くは見えない。米国の会計スキームはグローバルになった。言い換えると、米国に資金が流入してくる限り、米国政府は、政府の財政であれ家計であれ、貯蓄額が少なく、消費が旺盛であることをそれほど心配しない。米国は、自国通貨と金との兌換性を保証しなくても、巨額の資金流入を呼び込むことができた。

事前の準備を経て、二〇〇一年に欧州の共通通貨ユーロが誕生すると、通貨フローの全体像が劇的に変化した。ドイツ・マルクは、現在、程度の差こそあれ欧州連合（EU）域内で流通している。中国の台頭によっても、全体像が劇的に変化した。中国は、二〇〇五年に外貨準備高で世界第一位となり、現在、米国債を大量に買い込んでいる。その結果、ロバート・ゼーリック米国務副長官（当時）は、「責任ある利害関係者」という言葉をつくり、中国にそうなるよう促した。ゼーリックは、米国が主導するグローバル・ガバナンスの信頼できるメンバーとして行儀よく振る舞うよう中国政府に勧める。言い換えると、彼のメッセージは、ある品目から別の品目へと突然乗り換えるような単なる債券保有者として行動するな、米国債をいったん購買したら、ずっと米国を支えるように売却するな、ということである。

グローバル・ガバナンスが深化していくなか、プラザ革命は制度化された革命として今後も継続するのだろうか。ここで想起されるのは、通貨に金兌換性がなかったのに、パックス・モンゴリア（モンゴルによる平和）の最盛期が一二〇六年から約八五年間続いたことだ。ドルと金の兌換が停止されたのが一九七一年だから、比較類推すると、二〇五六年をもってパックス・アメリカーナは終わるのだろうか、という問いが浮上する。言うまでもなく、これはばかげた問いとなりかねない。しかし、パックス・アメリカーナがどのくらい続く可能性があるかを知ることは重要である。

米国の軍事的優位についても同様な問いかけをしなければならない。米国の軍事的支配はあとどのくらい続くのだろうか。米国の軍事的優位がいつまで続くかを予測するためのひとつの指標は、兵器や軍事技術に対する米国の研究開発投資が世界全体の投資総額に占める割合である。現在のそれは八五パーセントである。こうしたガリバー的な投資は、米国の軍事的優位が今後二〇〜三〇年にわたって続くことを確実にすると言われている。

パックス・アメリカーナの軍事と通貨の側面を調べると、少なくとも次の四半世紀間はパックス・アメリカーナが続きそうなことがわかる。帝国の永続性の三番目の構成要素についてはどうだろうか。ここでソフト・パワーという要因が登場する（Nye 2004）。ジョセフ・ナイは、ソフト・パワーに関する詳細な議論を展開するなかで、ことによるとパックス・アメリカーナの将来について論じるうえで重要な要因となるかもしれない点を指摘している。この問題に対する判断は、人によって異なる。マン

(Mann 2003) は、帝国を運営していくうえでの米国のイデオロギー的、文化的要素に低い評価しか与えていない。帝国運営における軍事的要素の偏重は、米帝国の永続性に強い疑問を投げかける重要な問題である。マイケル・マンデルボーム (Mandelbaum 2005) は、グローバル・ガバナンスは事実上米国によって運営されると主張することにより、この問題に非常に高い評価を与えている。アン゠マリー・スローター (Slaughter 2005) は、グローバル・ガバナンスの実施方法に関する詳細で制御のきいた説明を通じて、この問題に対する彼女の暗に肯定的な回答を実証することにより、この問題に高い評価を与えている。

この章で詳しく取り上げることはできないが、おそらく単独行動主義からグローバル・ガバナンスへの転換を伴うであろう次なる弁証法的瞬間はどのような形で到来するのか、という疑問が持ち上がるのは当然である。筆者が考えるシナリオのひとつは、以下のとおりである。米国の軍事的優位が次の四半世紀にわたって継続する一方で、プラザ合意以後に強まったグローバルな統合力が、クライド・プレストウィッツ (Prestowitz 2006) がいうところのグローバリゼーションの第三の波に入るだろう。第一の波は（主として一九世紀に）西欧が主導し、第二の波は（主として二〇世紀に）米国が主導し、第三の波は（主として二一世紀に）非欧米が主導する。この第三の波において、単独行動主義はグローバル・ガバナンスへと移行していくだろう。事態がまだ十分に進展していないので、そうした方向性を示す実証的証拠は見つからないだろう。もうすぐ何かが起こりそうだという予感を与える可能性のある例としてひとつ考えられるのは、国際原子力機関（ＩＡＥＡ）と米エネルギー省が間接的ではあるが、連携して進めてきた、核エネルギー、核兵器の不拡散、地球環境の維持をめぐる国際的な制度化に向けての努力である。

大国レベルで単独行動主義からグローバル・ガバナンスへの転換が起きている可能性があるわけだが、草の根レベルでの変化についてはどうなのだろうか。この場合も、推測の域を出ることはない。しかし、世界的テロから内的世界の自己表現への変化が起きると思われる。ちょうど脳内でいわゆるミラー・ニューロン（mirror neuron）が活動するのと同じように、世界的テロが脳内で発生し、非暴力的な形で現れるかもしれない。「正真正銘の」グローバル・ガバナンスの時代には、国境は存在しなくなり、ナショナリズムと呼ばれる偏狭なメンタリティは希薄になる。ベストセラー小説家、リチャード・パワーズ（二〇〇六）は、『海辺のカフカ』や『ノルウェイの森』といったベストセラー小説の作者である村上春樹の普遍性を分析し、村上は、一九九〇年代にジャコモ・リゾラッティをはじめとする生物物理学者たちがいわゆるミラー・ニューロンのメカニズムを発見する前から、このミラー・ニューロンのことを知っていたかのように、小説を執筆してきたと述べた（Dehaeme et al. 2005; Rizzolatti and Arbib 1998）。ミラー・ニューロンは、物真似ニューロンと呼ばれている。その主意は、人間である実験者の筋肉の動きに対して、サルがニューロン内で象徴的に反応する現象である。言い換えると、行動が神経細胞内に記憶される。しかし、ミラー・ニューロンは見ることで自ら動くのである。村上は、自分の小説に同種のメカニズムを使用する。村上は、個人のアイデンティティも国家のアイデンティティも、ともに一定の形を持たなくなるグローバリゼーションの時代精神を描く。彼には居住地というものがないので、自由に旅する典型的なポストナショナリズムの小説家である（パワーズ 二〇〇六）。とはいえ、単独行動主義は廃れておらず、グローバル・ガバナンスへの移行には時間がかかるだろう。世界的テロもまだ廃れていない（Halliday 2006）。

第II部　グローバリゼーションが再編する国際関係論

第3章 地球政治の展開

二〇世紀末におけるグローバリゼーションの加速度的深化は、国家主権を軸として展開してきた二〇世紀の国際関係論に大きな転換を余儀なくさせている。グローバリゼーションは一方で主権国家の領域を相対化していると同時に、他方で主権国家の存続を不可能にし、破綻国家の増加を不可避にしている。国家主権、人民主権、主権喪失の三つの概念によって二〇世紀末からの国際関係がどの程度まで理解できるか？

1——三つのパラダイム——ウェストファリアン、フィラデルフィアン、反ユートピアン

地球政治はウェストファリアン（Westphalian）、**フィラデルフィアン**（Philadelphian）および**反ユートピアン**（Anti-Utopian）の三つのパラダイムで特徴づけることができる。ウェストファリアン、フィラデルフィアン、反ユートピアンというのは、ここではそれぞれ国家主権、**人民主権**、**主権の喪失**という考え方に基づく地球政治の捉え方を指す。ここではまずヘンリー・キッシンジャー、フランシス・フクヤマ、サミュエル・ハンティントンの代表的な著作に言及してこの三つの枠組みについて取り上げ、次いで地政学的枠組みという観点から、それら三つの地政学的枠組みを支え、強化している三つの地理経済的基盤と地理文化ネットワークについて取り上げる。それらについて説明するため、地理経済的基盤についてはアレクサンダー・ガーシェンクロン、ロバート・ライシュ、デービッド・ランデス、地理文化ネットワークについてはベネディクト・アンダーソン、ベンジャミン・バーバー、ロバート・カプランの代表的著作を引用したい。次いでそれらのパラダイムを踏まえて、ウェストファリアン、フィラデルフィアン、反ユートピアンの各パラダイムが指し示す方向をミックスした形で、二〇二五年ごろの未来を描きだすことを試みる。本章の趣旨は過去を振り返ることによって未来を凝視する（この問題に理論的にアプローチし、歴史的な評価に基づいて地球政治の未来を知る）ことにある。

逆説的ではあるが、過去を振り返ることで未来を展望することができる。t－nという時点で細い流

れが静かに奔流に変わることを知ることで、その流れがt＋nという時点までにどのように変化するかがずっと容易に分かるようになるが、これはその流れがt－nとtの間の期間にどのように変化したかが分かるからである。

そのいい例の一つが国家主権の歴史で、国際法に対する冷戦期の一般的な見方によると、欧州ではウェストファリア条約（一六四八年）がそれまでの宗教的普遍性や封建政治という中世的パターンから近代的な国家主権を解放した。ハンザ同盟やイタリアの都市国家、中欧の帝国、バチカンや各種の宗教セクトなど、中世的だとされているその他の多くの行為者や統一体は別にして、世界はその後、この一般的な見方のもとで主権国家が地球政治の事実上唯一の行為者であるかのように描きだされてきた。

実際にはウェストファリア条約前後の欧州の景観は劇的には変わらなかった。これについてはスティーブン・クラズナー（Krasner 1993）が巧みに論じ、ヘンドリク・スプルート（Spruyt 1994）が実証している。主権国家が地球政治で中心的位置を占め、欧州（ドイツとイタリア）やその周辺（米国や日本）で領土ベースの国民国家が次々に誕生し始めたのは一九世紀半ば以降のことで、一九、二〇世紀には欧州の主権国家が世界に進出して植民地帝国を築いた。第二次世界大戦中やその後になって植民地主義がその手を緩め、主権国家が史上未曾有の形で増え始めた。

第二次世界大戦の終結当時には、世界には主権国家は五一しかなく、そのほとんどが欧州の国や、白人が定住した旧植民地だった。一九四五年にニューヨークの国連本部ビルが設計されたとき、建築家は、このビルが最終的には最大で一〇〇の加盟国を収容することになると予測した。だが一九六〇年代半ばにはその数をはるかに超え、二〇〇〇年代の半ばには一九二に達した。主権国家の数の劇的な増加や国際法に対する一般的な見方からみて、地球政治が基本的には「国家間」の政治であるとみるのは(Morgenthau 1959)、決して不自然なことではなかった。これがすなわちウェストファリアンの枠組みである。

主権国家の数が増え続けるなかで、ごく最近になってあまり目立たないが地球政治に関するそれとは別の少なくとも二つの考え方の流れが生じ始めた。フィラデルフィアンと反ユートピアンの流れがそれである。前者の枠組みは米国の独立当時から一九世紀半ばの南北戦争のころまで米国を支配し、二〇世紀末から世界的規模で復活する過程にあり、このことは自由市場経済や民主政治の規範やルールに従う自由民主主義の数の劇的な増加に示されている。この増加の背後にある原則の一つは、民主主義が互いにほとんど戦わないというものである(Doyle 1986; Russett 1993)。フィラデルフィアンと呼ぶ理由は、フィラデルフィアで米国の憲法制定会議が開催され、しかも人民主権の概念を基礎として国家連合として制度化されたからである。反ユートピアンと呼ぶ理由は、植民地主義のくびきからようやく解放され、自らの手でユートピアを作るはずのものが、まったく反対のコースを取っているからである。反ユートピアンはここでは破綻国家や破綻しつつある国家を支配し、構造的に他の枠組みに覆い隠されてきた枠組みを指す。「反ユートピアン」という言葉は植民地主義の遺産に由来する。植民地時代に版図の拡大を通じて世界の「文明化」を目指したユニバーサリスト(普遍救済論者)勢力の努力は、二〇世紀の末にはグローバル・ガバナンス、人間の安全保障、人道支援を目指す国際的な努力へとその姿を変えた。

だがそれらのユートピア的な目標がどれほど高貴なものであるとしても、その結果生まれたのは、主として長引く争いであり、国際的な援助にテコ入れされた搾取的なレジーム（政治構造）であり、破綻国家だった。

フィラデルフィアンの枠組みの影響力が拡大したことは一七七六年（米国）、一七八九年（フランス）などの自由、民主主義、平等、人権に関する規約や宣言を憲法に盛り込んだ基本的に民主主義の政治体制を採用している主権国家の数に示され、その数はいまや約一五〇に達した。反ユートピアンの枠組みの影響が拡大したことも、大規模な飢餓や内戦時の人道支援や平和維持・執行活動の数から明らかである。二〇世紀には国家主権が時代精神になる一方でグローバリゼーションや市民社会が拡大し、国家主権が不断に侵食され始めた（Biersteker and Weber 1996）。その背後には、それに伴うフィラデルフィアン、反ユートピアンの行為者の数の増加がある。要するに、この三つの枠組みが並行して拡大した。

この三つの遺産が共存していることを示しているのが、冷戦の終結からほどなくして米国の外交政策に関して三冊の著作が出版されたことである。それぞれが三つの遺産のそれぞれに対応して米国の外交政策を描いている。キッシンジャー（Kissinger 1994）、フクヤマ（Fukuyama 1992）、ハンティントン（Huntington 1996）の著作がそれである。

キッシンジャーの『外交』は、バランスをとり、時流に乗じることが国際関係の軸になるような世界を描いている。そこでは国家の主権か外交政策の優越が中心的テーマになり、その他のすべての事柄は、それが勢力均衡（すなわち平和）のもとでの巧みな行動の実現に役立つかどうかで判断される。キッシンジャーは、一九四五年以来の米国の覇権が徐々に後退する方向にあるので、米国が間欠的な行動によってバランスをとり直して、その国際的なリーダーシップを補強する必要があるとする。彼の中心的関心事は大国が巧みな勢力均衡の政治によって平和を達成することにある。

フクヤマの『歴史の終わりと最後の人間』は冷戦の終結がもたらした主な結果、すなわち共産主義として知られた対抗イデオロギーの消失を論じたもので、その結果、民主主義や自由主義など、共通の規範や価値を共有する行為者の間に、大いに非暴力的な紛争解決方式が広がるとする。この説をとる人々は、米国がいたるところで民主主義を推進することで、戦争の可能性を減らせるとする。価値や政治制度を共有する国同士が戦うべき理由はない。この受け身のアプローチによると、米国は相互作用を自由民主主義に限るべきであり、非民主主義との接触は資源を枯渇させるだけである。

ハンティントンの『文明の衝突と世界秩序の再建』はイスラム世界と中国に焦点をしぼっている。彼の見解によると、多くの文明は両立できず、世界は衝突の状況に満ちている。ハンティントンの立場は彼の論文の標題に端的に要約されている。彼は米国が国際的に優位を占めつづけることが問題だと主張しているが、西洋の価値が普遍的なものだとはいっていない。彼によると、西洋は普遍的というよりユニークな存在である（Huntington 1996）。ハンティントンの主な視点は文明や一部の宗教、民族、言語、地理、歴史の間の基本的な非両立性にある。

キッシンジャーの見解では、ウェストファリアンの枠組みはまだ死に絶えていない。フクヤマはフィラデルフィアンの枠組みが生き返ったとし、ハンティントンは反ユートピアンの枠組みが復活したとし、それぞれ見方を異にする。だが全体として、彼らは米国の外交政策遂行の基準のもとで、それぞれ三つの遺産を代表している。つまるところ、米国は国際組織への国家主権の委譲という点では最も不十分な国の一つであり、頑迷固陋《がんめいころう》なウェストファリアンである。同時に米国は自由、民主主義、人権を説き、それらの原則に基づいて国境を無視して行動している。その点で米国は生来のフィラデルフィアンである。米国はまた、さまざまな宗教、民族、言語、歴史の間の埋めることのできないギャップが、自国の国益という点で無意味ではないということを認めないで、容赦なくグローバルな市場やグローバル・ガバナンスという概念や慣行を推進している。米国はこの点では独善的で冷酷な反ユートピアンである。ここでは次に、地球政治での米国の決定力を過大評価することなく、互いに競合してはいるが相互補完的なそれら三つの眼鏡を通して、世界の未来のシナリオを垣間見てみたい。

本章は未来展望を描くのに引用した著作がほとんど米国のものであり、この研究が他の文化に属する人の手で行われればもっとコスモポリタンなものになるという意味で、過度に米国中心のものになっているといえる。ある程度そうした偏りがあることは否定しないが、筆者の意見ではここでの主張が筆者自身が代表的な著作を創造的に読み直して生まれたものであり、本章を発表したあとでのみ世界の未来シナリオ（Inoguchi 2004）について文化的により批判的な筆者自身の主張を展開でき、そうすることによって（どれほど偏ったものになるにせよ）文化をより意識した、しかも「深い」シナリオのパラメータを決めることができる。

上記の三つの遺産を代表する代表的な論者として、ウェストファリアンについてはケネス・ウォルツ

(Waltz 1979)、ハンス・モーゲンソー (Morgenthau 1959)、フィラデルフィアンについてはブルース・ラセット (Russett 1993)、ダニエル・デュードニー (Deudney 1996)、ニコラス・オナフ (Onuf 1998)、マイケル・ドイル (Doyle 1997)、ロバート・コヘイン (Keohane 1984)、反ユートピアンについてはヨハン・ガルトゥング (Galtung 1996)、イマヌエル・ウォーラステイン (Wallerstein 1991)、フレッド・ドルマイア (Dallmayr 1998) がいる (出版の時期が比較的新しいこと、発行部数の点で相対的に大きな影響を与えたこと、ポスト冷戦期の米国の外交政策に比較的大きな影響を与えたことの三つを考慮して、これらの論者を選んだ。Walt 1998, Alker et al. 1998 を参照)。

現在互いに競合して世界の人間活動を形成している三つの遺産を特徴づけるために、筆者は三つの分野——地政学、地理経済、地理文化——を区別し、三つの遺産のそれぞれに属する最近の著作に言及してそれらについて取り上げる。筆者はそれらをそれぞれ「地政学的枠組み」「地理経済的基盤」「地理文化ネットワーク」と呼んでいる (表3-1を参照)。

2—三つの遺産の地政学的枠組み

ウェストファリアンの枠組みのもとではアクターは「普通の国」(国民国家) で、国家主権が基本的前提になる。フィラデルフィアンの枠組みのもとではアクターは政治・経済システムとしての「自由民主主義」で、自由民主主義のイデオロギーが基本的前提になる。反ユートピアンの枠組みのもとではア

表 3-1 ウェストファリアン，フィラデルフィアン，反ユートピアンの遺産の概要

	ウェストファリアン	フィラデルフィアン	反ユートピアン
地政学的枠組み			
主な論者	キッシンジャー	フクヤマ	ハンティントン
主な概念	国家主権	人民主権	主権の喪失
制度的単位	国民国家	自由民主主義	文化超大国 破綻国家／破綻しつつある国家
行動原理	バランス／時流に身を投じる	民主主義推進に向かう／イデオロギーに忠実（可能な場合）／背後に隠れる（不可能な場合）	空洞化／崩壊
平和	戦争を通じての平和	民主的平和	戦争でも平和でもない
民主主義	無関心	攻撃的輸出または日和見的沈黙	軍事介入またはシニカルな無視
地理経済的基盤			
主な論者	ガーシェンクロン	ライシュ	ランデス
主な概念	国民経済	世界市場の拡大	経済の発展
原動力	国家主導の工業化	市場主導の大競争	住民の内的価値や態度の指針になる文化
重要な変数	生存／競争／資本と労働の大規模な投入	重要なテクノロジーの戦略の投入	発明とノウハウ
地理文化ネットワーク			
主な論者	アンダーソン	バーバー	カプラン
主なメディア	国営ラジオ／TV	衛星 TV のネットワーク	地下ネットワーク
主な目的	国づくり	世界への浸透／コミュニケーション	反体制
主な効果	政治的判断のビデオによる正当化	ビデオによるグローバル化	破壊活動

クターは「破綻国家」または「破綻しつつある国家」で、主権の喪失が基本的前提になる。「普通の国」は強力な主権をもち、国内での秩序と国外でのアナーキーという明確な区別によって特徴づけられる。「普通の国」は主権や領土の侵害にとくに敏感で、内政に干渉されることを嫌う（Biersteker and Weber 1996）。「自由民主主義」は、人民主権が深く根を下ろし、自由市場や民主政治などの普遍的な規範や価値を幅広く受け入れていることで特徴づけられるが、この二つの規範はときには両立しないことがある。「自由民主主義」は保護主義や国家主権を重視せず、世界の主流から取り残された地域の政治の潜在的な不安定性を軽視する。「破綻国家」や「破綻しつつある国家」は主権という点で「空洞化」し、経済的に主流から取り残された国で、世界経済の変動に対して脆弱で、安全保障の面では不安定で、国内の秩序の崩壊や紛争の影響を受けやすく、植民地主義、人道支援、武力による侵略や経済への浸透、搾取のいずれの形であろうと、外部の干渉を受けやすい。

「普通の国」の行動様式はバランスをとり、時流に乗じようとするものになる（Walt 1987；Schweller 1998）。バランスをとることの目的は他の「普通の国」の潜在的に暴発しかねない独断を封じ込めることにある。それにもかかわらず必要な場合に備えて戦う能力を維持しなければならない。圧倒的に強力な「普通の国」（またはその連合）の場合は時流に乗ろうとすることがある。それらの国を打ち負かせないのなら、それらの国に合流しようというわけである。「自由民主主義」の行動様式は普通、イデオロギーに忠実で（可能な場合）、しかし不可能な場合には背後に隠れるものになり（Deudney 1996；Onuf 1998；Keane 1998）、同様な考え方をする行為者が組んで、より大きく強力な連合を結成しようとする。

だが「自由民主主義」の規範を根底から覆すような力に直面すると、隠れることが得策になることがある。「破綻国家」や「破綻しつつある国家」の行動様式は空洞化と崩壊のそれである。それらの国はもはや自律的な行為者ではなくなり、国内でのアナーキーと国外からの介入によって特徴づけられるが、それにもかかわらずアモルファス（不定形）なので、その力は外部からの介入によってそう大きく影響されない（IFRCRCS 1998 ; UNHCR 1998）。

影響力ある上記の三つの著作が米国でほぼ同時に出版されたのはなぜだろうか。筆者の考えではそれはこの三つの枠組みが米国で共存していることによる。それはまた世界の指導国を自称する米国が、孤立主義や介入主義の問題をめぐって今後の持続性に長期的懸念を抱いて国内的に動揺するなかで、世界との関係の指針になる大戦略を必要としていることによる。私たちは米国が地球政治の主なアクターであることを認める必要がある。いうまでもないが、その膨大な対外債務を考えるとき、米国が完全なウェストファリアン型の国ではないと、同じくらい主張することもできる。ウォルツのカテゴリーに従い、あるいは「普通の国」が大規模な戦略核兵力をもって自らの運命を決定できることを意味するのなら(Sagan and Waltz 2003 ; Waltz 1979)、米国はウェストファリアン的な意味での唯一の「普通の国」である。

米国はフィラデルフィアン型のアクターの草分けであり、二〇世紀末の経済の自由化と政治の民主化の先頭に立っている。米国は武力介入のための物理的手段や心構えをもつ事実上唯一のアクターである。地政学、地理経済、地理文化の三つの戦線で世界の動きを監督する主要な責任がその肩にかかっている。軍事力の配備が他のアクターをはるかに引き離す、きわめて強力なアクターとして特徴づけられるなかで、米国が戦略核兵力や通常兵力、低強度戦争能力や衛星による情報収集能力をもつのは当然である。経済のグローバリゼーションが加速し、政治や社会の自由化がはずみを強めるときにはリーダーシップが必要で、そのもとで国際社会が共通の規範や価値に基づいて一致して行動して、平和と繁栄を維持しなければならない。世界市場の主流から取り残された地域や世界の周辺地域が不安定化するなかで、「破綻国家」や「破綻しつつある国家」でしばしば生じるマイナスの結果を緩和するためにもリーダーシップが必要になる。米国によるリーダーシップの発揮は、見方によって異なるが、やや頻繁すぎるとか、十分に頻繁でないとか、迅速でないとして批判される傾向がある。

国際組織もこの三つの枠組みのもとにある。たとえば国際連合はウェストファリアンの枠組みのもとにあり、加盟国が羽振りをきかしている。国連は主権国家の二大権限である課税と徴兵の権限をもたない。二酸化炭素税や通貨取引課税を通じて国連の収入源にする構想は実現するにしてもまだ先である。平和維持活動（PKO）要員を集めて派遣するための予備的構想も困難に直面している。にもかかわらず国連は、定義の仕方によっては約七〇～一二〇の加盟国が「自由民主主義」として特徴づけられるという意味で、ますますフィラデルフィアン化している。一九九七年に調印された対人地雷禁止条約が約一五〇カ国の批准を得たのは、主として非政府組織（NGO）が大いに効果的にこの問題に関する情報を広げて加盟国を説得し、会議を主催したカナダなどを条約に参加させたことによる。一九九〇年代には三つの国連機関――国連難民高等弁務官事務所（UNHCR）、世界食糧計画（WFP）、国連児童基金（UNICEF）――が予算や職員や活動を拡大し、最も巧みに、また効果的に世界の世論に訴えてボランティアや資金その他の形で支援を動員した。この三機関はそれぞれの大目的（難民、飢餓、子ども）の旗を振り、優れた指導者をもち、そのいずれもが女性であった（それぞれ緒方貞子、キャサリン・バーティーニ、キャロル・ベラミー）。

同様に重要なのは、国連が世界の主流から取り残された恵まれない人々に役立たねばならないという確信である。国連は反ユートピアンの枠組みのもとでの暮らしを強いられている人々に支援の手を差しのべてきたが、これは加盟国がすべて多かれ少なかれ（ウェストファリアン型の）「普通の国」であり、多かれ少なかれ（フィラデルフィアン型の）自由、人権、平等、民主主義をうたう数多くの憲章——国連憲章や世界人権宣言を含む——にコミットしていると想定されていることによる。約一五〇カ国がそれらの憲章の一部や一七七六年の米国の独立宣言、一七八九年のフランス人権宣言の一部を自国の憲法に盛り込んでいるのは偶然ではない。

日本の場合を例にとれば、日本は「自由民主主義」とみられることを望み、少数の熱烈なナショナリストを別にして、国民の大多数が安全保障に関する限り、半主権状態をあまり気にしていないとみることができる。平和と繁栄が保証される限り、非軍事的民生分野で活躍するシビリアン・パワーになるのはそう大変なことではない。日本は人権や軍縮に関する限り、責任を十分に果たしていないとしてしばしば批判されるが、これは基本的には日本がまだ十分にフィラデルフィアン型の国になっていないというようなものである。日本は他の大多数の国と同様に完全なフィラデルフィアン型の国ではない。フィラデルフィアン型の優れた行為者でさえ、難題に直面すると、しばしば背後に隠れようとする。日本はまた、「普通の国」ではないとして、しばしば批判される。紛争の平和的解決という正当な目的のためにさえ力に訴える意志も能力もなく、政治のプロセスに船頭が多すぎたり、船頭がいなかったりして、最終的な政治的責任を果たせないというわけである。要するに、日本は完全なウェストファリアン型の国ではないとして批判されている。だが日本は経済の相互依存や世界の安全保障との一体性が進むなかで、多くの点でウェストファリアン型の国にならないようにしてきた。

3——三つの遺産の地理経済的基盤

前述した三つの枠組みには地理経済的基盤や地理文化ネットワークがなければならない。それら三つの枠組みの地理経済的基盤については、それぞれガーシェンクロンの『歴史的展望からみた経済の後進性』(Gerschenkron 1962)、ライシュの『国家の仕事』(Reich 1991)、ランデスの『諸国民の富と貧困』(Landes 1998) が取り上げている。ガーシェンクロンの概念の柱は国民経済で、主なアクターは後発的地位と経済の後進性に動かされる主権国家である。主役はロシアとドイツだが、ガーシェンクロンによれば二〇世紀末には、それに次の三つの国家グループを加えることができる。第一は東アジア諸国で、それらを一九世紀末と二〇世紀初頭のドイツとロシアを扱ったのと同じやり方で扱うことができる。第二は社会民主主義的な政策パッケージをもつ北欧諸国で、第三は国家による規制の多い点でその創始者ともいえるナポレオンの名をとったナポレオン的な国である。それらのグループの共通点は、経済の繁栄と社会の安定という点で、国家のプラスの役割を多かれ少なかれ強調していることにある。一部の人は、グローバリゼーションが弱体で不安定な国を生み、市民の要求に応えたり敵対的で不安定で非合理的な国際経済の動きに対応することをできなくし、その弱体さや不安定さが国民経済の効率をさえ損なうとしている（Wade 1990; Esping-Andersen 1985; Boyer 1990; Bienefeld 1996）。

ライシュの場合は、主な概念はグローバル化した市場で、世界の匿名で不定形な投機家を主なアクターとし、それらのアクターが利用できる機会を虎視《こし》眈眈《たんたん》と狙っているとする。そのネガティブなトーンはさておくとして、ライシュの所論に対するマンフレッド・ビーネフェルドの明確な批判（Bienefeld 1996）を要約すると、未来のシナリオはグローバリゼーションの拡大に向けての一方的で不可避的な動きになる。ライシュの未来はグローバルな大競争に適応して、それに勝ち残れる幸運な少数者の手で築かれる。ライシュは自由化の拡大が結局は世界の所得を増やし、世界を全体として幸福にすると仮定する。所得が実際に減少する大多数の人々については、ライシュは恵まれた少数者の資金による大規模な職業訓練計画によって救うことができるとする。政府の介入は、それがとくに保護主義の形をとると、必然的に全体として生活水準を低下させる。ライシュの世界は近代化理論のそれであり、そこでは自由化とグローバリゼーションのモデルとしての米国が特筆大書される。

ランデスの場合は、主な概念は経済の発展で、そこではテクノロジーの進歩を最大限に活用しようとする企業家グループが主なアクターになる。好ましい文化環境のもとで革新や起業を推進しようとする企業家の姿勢や規範がその原動力になり、そこでは経済の発展という文脈のもとで革新を成し遂げる性向やノウハウを修得しようとする文化的志向が重要な変数になる。

ライシュとランデスの違いについては、双方がともに文化に着目し、信頼や連帯を重視しているが、筆者の見解ではライシュのいう信頼（山岸 一九九八；Putnam 1993）はランデスのそれよりもずっと一般化されている。ランデスのいう信頼は歴史的、地理的、文化的にはるかにニュアンスに富み、特殊化したものになっている。このことがランデスを広い意味でハンティントンやカプランと同じ陣営に置くのに役立つ。

ガーシェンクロンの転換のメカニズムは大規模な資本と労働の投入で、株式を発行して資本を募るシステムや国家主導の工業化による企業家の指導、長時間労働と引き換えの終身雇用や高賃金がそれに当たる。ポール・クルーグマン（Krugman 1993）が正しく指摘したように、東アジアの奇跡の多くは資本と労働の大規模な投入によって説明できる。

ライシュの世界ではテクノロジー革新の直接の投入が転換のメカニズムになる。ポール・ロマー（Romer 1990）が力強く論じたように、ここではテクノロジー自体が市場で内発するが、この見方はテクノロジーを外生的なものとして扱う傾向があるガーシェンクロンの見解とは対照的である。世界市場は、投機家がテレコミュニケーション機器を使えるようになり、一九八五年のプラザ合意で通貨取引の機会が劇的に増えてから拡大し始めた。遠く離れても製品を製造したり流通させたりする機器が発明され、世界的に使われるようになると、市場はさらに繁栄する。

ランデスの転換のメカニズムはウェーバー的なもので、そこでは住民を導く内的な価値や態度が、経済の発展を準備し、前進させ、持続させる基礎になる。住民が重視するある種の価値や態度が、他の何ものにも増して発明や革新、起業や発展に導く。

二〇世紀末にはこれら三つの基盤が共存している。ガーシェンクロンの世界は一九九七年からのアジア金融危機で自信が少々失われたにもかかわらず、なお東アジアで栄えている。ライシュの世界はほとんどいたるところで急速な台頭の過程にある。世界的なテレコミュニケーション・テクノロジーの劇的な拡大やその拡大が瞬時に提供する世界的な金融サービスが、その拡大を支えている。ランデスの世界も根強く続き、時折強調されるが、これは各文化に吹き込まれて継承される内的な価値や態度が基本的に異なっていて、テクノロジーによる文化の収斂という命題が可能にするものよりも持続的なものになることによる。

ガーシェンクロンの世界はキッシンジャーの世界にほぼ対応し、ライシュの世界はフクヤマの世界にほぼ対応し、ランデスの世界はハンティントンの世界にほぼ対応する。地政学はこれら三つの枠組みのそれぞれのなかにその地理経済的基盤をもっている。

4―三つの遺産の地理文化ネットワーク

ウェストファリアン、フィラデルフィアン、反ユートピアンの三つの枠組みのそれぞれは、それ自体の地理文化ネットワークをもち、アンダーソン（Anderson 1991）、バーバー（Barber 1995）、カプラン

(Kaplan 1996) がそれらについて取り上げている。アンダーソンはインドネシアの国営ラジオ・ネットワークが国づくりで重要な役割を果たした模様を描き、バーバーはそれとは大いに異なるフィラデルフィアンや反ユートピアンのネットワークづくりの技術や戦略を描いている。それらはマックワールド (MacWorld) とジハード (聖戦) に象徴される。バーバーは米国の食文化を代表するマクドナルドがいわば世界で米国風ライフスタイルのペースセッターとなっているとし、それをマックワールドと呼ぶ。世界中の都市にあるマクドナルド店の数でマックワールドの地図が描かれることになる。CNNとサミズダート (地下出版) は、それら二つの異なるネットワークのコントラストのもう一つの側面を象徴する。カプランは反ユートピアンの世界のネットワークづくりの技術や戦略に焦点をしぼっている。

ネットワークは連帯を育て、強化し、分担するのに重要であり、それゆえに自己強化的なものになる。三つの枠組みの盛衰は部分的には、それら三つのネットワークがどのように拡大し、競合し、あるいは縮小するかに左右される。アンダーソンのネットワークでは国や国営のラジオ・TVがネットワークづくりで中心的役割を果たす。

そうしたネットワークがどのようにして構築されるかを示す例として、インドネシアの例をあげることができる。インドネシアは約一万七〇〇〇の島からなり、そこでは互いにほとんど理解できない無数の現地の言葉が使われている。インドネシアがオランダから独立したとき、新しい指導者は国の標準言語として、マレー半島の沿岸地域やその付近で商業目的に使われているやや人工的で大いにローカルな言葉を選んだ。この言葉はマレー・ポリネシア語族に属するエスペラントのようなもので、クレオールやピジンのインドネシア版ともいえ、バハーサ・インドネシアと呼ばれる。指導者は多くの建国の父たちの出身地のジャワ島で広く使われているジャワ語の代わりに意図的にこの言語を選び、国の統一と連帯のために支配的な住民の支配的な言語を他に押しつけないことを決め、国営のラジオ・インドネシアを通じてあらゆる機会をとらえてこの言語を広げるのに努力した。子どもは小学校に入って公式にこの言語を学び始め、これを国のリンガ・フランカ（共通語）として国内のコミュニケーションを合理化し、言語の多様性を克服することが計画されている。

地域のネットワークもインドネシアにとって大いに重要である。多くを物語る出来事として、一九九三年に東京で七カ国財務大臣・中央銀行総裁会議（G7）が開かれたとき、スハルト大統領が東京を訪れてG7へのインドネシアの参加を訴えたことがあげられる。彼らはG7に加わってインドネシアの地位と威信を高めることを真に望んでいると率直に語り、実際にもそれを望んでいるという印象を与えた。そのときテレビ・インドネシアが筆者にインタビューを求めた。筆者が一九九〇年にジョクジャカルタのガジャ・マダ大学で日本の政治について講義したときに学生だったある人を通じて、彼らは筆者がインドネシアで経験をもち、インドネシアの国づくりの努力についてたぶん一定の理解をもつと考えて筆者を招き、G7へのインドネシアの参加というその大目的を「ビデオを通じて正当化」し、それについて穏やかな意見を聞きだそうとしたのだった。

マックワールドはグローバルな浸透のシンボルになり、CNNがそのテレビ・ネットワークづくりの担い手になっている。CNNは現地からの劇的で十分に計算された視覚効果をもつ迅速なグローバルな報道を特徴とする。ここでも筆者は一九九三年六月の総選挙で自由民主党が敗れたときに、国会議員の広中和歌子とともにCNNに出演したときのことを思い出す。すべてがライブで、台本もリハーサルもなかった。放送時間の直前になってCNN東京のアイリーン・オコナーが姿をみせて、自分がいくつか質問をしたいと言った。状況は意図的に選ばれたもので、CNN東京が事務所を置く日本のテレビ局では開票速報が始まっていた。繁忙な速報室の騒音が聞こえるなかで、私たちはこの総選挙や日本の政治へのそのインパクトについて論じた。状況は日本が劇的な変化の最中にあり、TVの視聴者がそれを目撃しているという強い視覚的印象を与えるように確実に計算されていた。それは当時の通商交渉を背景にして、また一九九一年の湾岸戦争への日本の参加が限られたものだったことに照らして、たぶん米国政府が望んだものだった。

サミズダートはソ連時代から反体制派のコミュニケーションのシンボルだった。現在ではファックスやeメールがそれに代わって、地下活動や破壊活動や秘密の情報活動に使われている。筆者は一九八九年六月四日の天安門事件の数週間後に一通のファックス・メッセージを受け取った。東京で反中国政府のデモや集会が開かれたときのことで、メッセージは東京大学の中国人留学生が連帯を呼びかけるものだった。筆者はそれらの学生の一人の名前を知っていた。当時、中国社会科学院の政治学研究所長をしていた厳家其の推薦状をもって、その学生が二年ほど前に筆者のところにやってきたからだ。筆者が厳家其を知ったのは、筆者が編者を務めて東京大学出版会から出版した「現代政治学叢書」の中国での出版に関する手紙を通じてだった。筆者は中国語版への序文のなかで、厳家其を含む多くの同僚の努力に感謝した。事件は中国語への翻訳作業が始まる前に起こったが、一九九〇年の末に翻訳が完成したときには、筆者が厳家其に言及した部分が削除されていた。

上記のエピソードが示しているように、三つの枠組みにはそれぞれのネットワークづくりの形があり、そのそれぞれが三つの枠組みの明らかな特徴に対応していることが分かる。

5—今後の方向

地理経済的にみて、グローバリゼーションが最終的に平和と繁栄をもたらすかどうかは完全には明らかでない。万事が市場の力のもとに置かれると、二つの障害が生じ得る。第一に、市場の変動が不安定を引き起こし、市場の力が十分に働かないような条件を生みだし得る。第二に、市場効率を追求することで、競争力のない部分がますます主流から排除される。グローバリゼーションや主流からの排除の結果としての格差の拡大が、市場の力が十分に働かないような条件を容易に生みだし得る。そのためグローバリゼーションや統合はフィラデルフィアンの流れを一方的な方向で強化しそうになく、前後への揺れが起こりそうである。地理経済的基盤が最適のレベルで確保されないと、フィラデルフィアンの枠組みの衰退が起こり得る。グローバリゼーションや自由化が極限に達すると、内部の格差が拡大して容易に封じ込め得ない何かを生みだし、それが内部での争いやカオスさえ引き起こし得る。そうした状況のもとで、反ユートピアンの枠組みが影響力を強めることになる。同様に、グローバリゼーションや統合が極端な形をとると、国家主権を復活させる可能性がある。市場の力の容赦のない圧力に対抗するための最後の手段として、国に依存することになるからである。そんな状況のもとでは、国家主権は通常のウェストファリアン的な領土の保全、軍事力、経済的な富よりもむしろ国の象徴的、文化的な側面を強調するものになりがちである。

それでは、今後四半世紀から半世紀の間にどこまでグローバリゼーションが進むだろうか。それについてより明確な見方をするためには、三つの地政学的枠組みの浮沈を決めるうえで主要な役割を果たしそうな、少なくとも三つの変数について知る必要がある。キーテクノロジーの革新、人口学的・環境的条件の悪化、国民国家の活力の三つがそれで、これらの変数がそれぞれウェストファリアン、フィラデルフィアン、反ユートピアンの結果を形成するうえで中心的役割を果たすことになる。ここでの筆者の役割は、地球政治を決定するうえでそれらの三つの要因がどのようにその役割を果たすかを見極めることである。

ニコライ・コンドラチェフ、ヨゼフ・シュンペーターらのビジネスサイクル学派のエコノミスト(Goldstein 1988; 斎藤 一九九八)は全要素生産性に寄与した主なテクノロジー革新を列挙している。それには一九世紀初頭以来の運河(スエズやパナマなど)や鉄道、電力、自動車、情報テクノロジーなどがあり、それぞれがおおよそ一八〇〇～一八四八年、一八四八～一八九五年、一八九五～一九四一年、一九四一～一九九六年および一九九六年以降のビジネスの繁栄の原動力になった。運河と鉄道は大洋間と大陸上の距離を劇的に短縮し、電力は工業化のエンジンになった。自動車は製造業の代表的なシンボルになり、情報テクノロジーはグローバルなコミュニケーションや、ひいてはビジネス取引を劇的に促進した。私たちはいま情報テクノロジー革新の初期的、爆発的な拡大を目撃している。この分野のテクノロジー革新はテレコミュニケーション、コンピュータ、金融サービスに始まり、製造やマーケティング部門に絶えず浸透し始めて、ビジネスに新たな革命を引き起こしつつある。それらの革新が限界効用の逓減《ていげん》ではなく限界効用逓増の法則を支えるかどうかはまだ完全には明らかではない（Arthur 1994）。過去には新しいテクノロジーの効果について常に限界効用逓減の法則が働くとされてきた。それが限界効用逓増の法則を支えるなら、景気後退のない新しい経済が登場したという主張が信頼できるものになる（Weber 1997）。それらが十分に発展すれば、フィラデルフィアンの枠組みの地理経済的基盤を十分に維持でき、フィラデルフィアンの枠組みを支える地理文化ネットワークがさらに拡大する。

人口学的・環境的条件の悪化は古いマルサス「問題群」の再来に際してで、テクノロジーベースの楽観論者は、生化学や生物・医学テクノロジーの革新が起こって、予想されるシナリオに対処することができると主張する。環境悲観論者は、今後の人口の増加や環境悪化の展望に照らして、食糧生産の基盤や清浄な空気や水を確保するための基本的条件が損なわれて、人間の暮らしが損なわれると主張する。人口学的にみると、地球上の高齢者の比率が先進工業民主主義国の生産人口からみて警戒すべき高い水準に達しつつある。

筆者の見解では、発見や科学の進歩は果実を生みだすのに時間がかかり、今後半世紀の間に可能な情報テクノロジーの目覚ましい革新も、条件の悪化を劇的に緩和するのにそうは役立ちそうにない。内戦で引き裂かれた地域の無数の乳児など、世界の住民の一部が犠牲になる。にもかかわらず地球市民意識やグローバル・ガバナンスの要請の高まりが、悲惨な状況がさらに悪化するのを防ぐことになりそうである。いうまでもないことだが、それらが何らかの全面的な反ユートピアンのシナリオに導くことはない。だがこの戦線での一致した行動の欠如が、最後の審判の日のシナリオの可能性を高めることになる。

国民国家の活力は今後半世紀の間は維持されそうである。世界全体がグローバリゼーションの波に洗われ、いたるところで市場の力に突き動かされるが、それらが恒久的に定着するとは思えない。グローバリゼーションの亢進は最終的には市場以外の最も組織化された部分が抹殺されることを意味するが、その可能性はほとんどない。最も可能な構図は、グローバリゼーションが進み市場の力が強まれば強まるほど、発展の力として国が頼りにされて安定や安全が取り戻され、目的やその達成の源泉としての国のアイデンティティや連帯への依存が深まるというものである。にもかかわらず主権国家がもつ伝統的特権（課税や徴兵の権限）はますます縮小する。市場の自由化やグローバリゼーションがさらに進むとともに、世界的に競争力のある企業は国への依存をますます弱めることになる。企業は国外に進出し、タックスヘイブン（低課税または無税の地域）を探すことで、税額をできるだけ減らそうとし、徴兵もますます歓迎されなくなり、予備役は志願兵によって維持されるようになる。国際的な平和維持や災害救援活動への要員の動員は、臨時の合意に基づくものになりそうである。

筆者はすでにそれらの三つの方向が最初から「並行」して拡大しているようにみえると述べた。この三つの方向でどんな変化が起こるかについて、明確なシナリオを描くのはむずかしい。図3-1に示し

1. 主要なテクノロジー革新

情報テクノロジーが絶えず製造テクノロジーと結びつき，フィラデルフィアンの方向で，限界効用逓増の法則が当てはまる条件を生みだす．

2. 人口学的，環境的悪化

精力的で一致した努力がないと短期的悪化と長期停滞的反ユートピアンの方向がこの流れを妨げ，北が内にかかえもつ停滞や，外に暴発し，内に沈没する南がいわゆる「宇宙船地球号」を揺さぶる．

3. 国民国家の活力

国が通常のウェストファリアンについての考え方以上に象徴的，文化的にアイデンティティや安定や達成感の提供者になる．

図 3-1 三つの主要な変数から見た変化の方向

た純粋に一次元的な三つのシナリオは有用だが、それらは最も可能なシナリオや最もありそうもないシナリオについては何も語らない。筆者の最善の予測はそれら三つの純粋に一次元的なシナリオを組み合わせたものになり、おおよそ次のようなものになる。グローバルな市場の力は「解き放たれたプロメテウス」（テクノロジー）によって決定的に強まるが、それが極端に走った場合、それに対抗する力がフィラデルフィアンの方向を相殺する可能性があるので、それらが持続的に浸透することはない。

それにもかかわらず高所得で拡大する北ではフィラデルフィアンの枠組みが多かれ少なかれさらに拡大し、崩壊しあるいは内破する南では反ユートピアンの方向とウェストファリアンの方向がさらに強まりそうである。反ユートピアンの方向では、グローバル・ガバナンスがさらに重視され、グローバル・ガバナンスは個人中心の理想主義的なヒューマニズム、グローバリストによる地球市場の保全と強化の積極的追求、シニカルな「開化論者」の援助による他の「文明」のマイナスの汚染の回避を目指すものになりそうである。ウェストファリアンの方向は、ウェストファリアンの通常の概念が可能にするよりも国家主権の象徴的、文化的側面に焦点をしぼり、グローバルな市場の力の強まりや人口学的、環境的悪化の脅威のもとで、国づくりという舞台においてではなく国の分断化や弱体化という舞台で、国を「想像上のコミュニティ」のようなものにする条件を生みだす。

上記の推測により未来がごく近いものにみえるようになったとしたら、半世紀先がそう遠いものではないということを想起することが重要である。ここでの検討が示す最も重要なメッセージは、過去を振り返ることが、おそらく未来をもっとはっきりと凝視するのに役立つであろうというものである。それは、過去にさかのぼって、細いが重要な糸を追跡することによって、長い間歩んできた道筋を、さらに深く理解できることによる。

第4章 日本人の三つの二一世紀シナリオ

国家主権、人民主権、主権喪失の三つの概念を軸にすると、日本における国際政治論議はどのように展開しているか？　それぞれの中心的論者は誰で、どのような議論を展開しているか？

日本は、経済その他の活動が一九六六年以来で最も著しく後退するなかで、ここ十数年苦闘してきた。だがこのようにどん底にあっても、日本はなおそのGNPが世界第二位の経済であったし、失業率は五パーセント以下にとどまっていた。製造基盤はまだ強力で、貯蓄率も相対的にみてまだ高い。要するに日本経済のファンダメンタルズはなお強力である。日本のどん底感は、実際には政府に対する人々の不信や経済の今後のパフォーマンスへの不安からきている。繁栄という点で一九六六年以来最低の状態からようやく景気回復を明らかに示しはじめたなかで、日本人は地球政治の将来をどうみているのだろうか。この問いが興味深いのは、困難な時代にこそ新しいアイデアや新機軸が生まれるためである。

筆者の見解では日本の指導者——学界、ジャーナリスト、官僚、ビジネスマン、政治家——はおおよそ三つの枠組みに基づいて地球政治を捉えている。ウェストファリアン、フィラデルフィアン、反ユートピアンの三つがそれである（Inoguchi 1999a）。

前章でも見たように、ウェストファリアンというのはここでは国民国家、国民経済、国民文化という周知の枠組みを指す。この枠組みは国家主権を中心にし、ウェストファリアン型の典型的な国民国家や政治システムをモデルにしている。フィラデルフィアンの枠組みは人民主権を中心にし、自由民主主義、グローバルな市場、グローバル・ガバナンスの三つを柱にし、世界的規模の典型的な連邦型の自由民主主義システムをモデルにしている。反ユートピアンは国家破産、主流から取り残されて周辺化した経済、地域的アナーキーという三つの要因がもたらす国家主権の喪失を中心にした枠組みを指す。これは領土的野心や拡張の要素をもたない「文明に導く任務」（ラ・ミション・シビリザトリス）に由来する。

日本人の考え方や著作のなかにこの三つの枠組みのすべてが見出されるのは何ら驚くべきことではない。グローバル化した政治が世界の隅々にまで広がるなかで、この三つの枠組みが互いに競合し、互いに補完し合っていることが容易に分かる。日本も例外ではありえない。

1—日本人のみる三つのシナリオ

日本人の三つの未来シナリオはそれぞれウェストファリアン・シナリオ、フィラデルフィアン・シナリオ、反ユートピアン・シナリオと呼ぶことができる（表4-1を参照）。筆者がそう呼ぶのは、それらのシナリオとグローバルな未来シナリオとの背後の関連性を強調するためである（Inoguchi 1999a）。当然ではあるが、それらのシナリオはまた日本の歴史や文化を反映するものになっている。

日本人のウェストファリアン・シナリオは北岡伸一、榊原英資、山崎正和の著作によって語られ、それらは必要な場合は力を行使して自らの運命を決定する能力という形での国家主権を中心にしている。東京大学の日本政治外交史が専門の教授で歴史家の北岡は日本が他国との紛争解決の手段として武力を行使することを放棄した憲法を改正して「普通の国」になることを提唱する（北岡 一九九五）。北岡によると、世界は国家主権という点で結局は基本的にウェストファリアン・モデルに固執しているので、日本は憲法を改正しないと、これまでに行ってきたことやこれから行うすべてのことについて国際社会の尊敬を勝ち取ることができない。

北岡の著作は必ずしもグローバルなシナリオについて論じているわけではないが、私たちはその著作から、北岡がグローバリゼーションを必ずしも常に国民国家の役割を減じるものとはみていないと結論することができる。国民国家に新旧の課題への対処に熟達することを余儀なくさせるのはむしろ核兵器、

表 4-1　日本人の三つのシナリオ

	ウェストファリアン	フィラデルフィアン	反ユートピアン
地政学			
主な論者	北岡伸一	小田実	中西輝政
主な概念	国家主権	超国家的連帯	国家支配
地理経済			
主な論者	榊原英資	大前研一	飯田経夫
主な概念	国家の自律性	単一の世界市場	経済のファンダメンタルズ
地理文化			
主な論者	山崎正和	山岸俊男	岡田英弘
主な概念	国家安全保障	信頼の一般化	独自の文化

通常兵器の生物・化学兵器、その他の兵器の分野での軍事的なグローバリゼーションである。必要に応じて力を行使する備えがなく、国を守る意志がないと、日本は経済的には存在感があるが政治的、軍事的には米国の取るに足りない「保護国」(Brzezinski 1997) にとどまる。グローバリゼーションが未来の波であり、それが国民国家の地位や国家主権を相対化するとしても、グローバリゼーションとして知られる大転換が起こった結果、その苦痛を緩和し、転換に伴う不安定を減らす能力が必要なときに力の行使を放棄している国家に対しては、まず（ウェストファリアンを意味する）「普通の国」になり、次いで（たぶんフィラデルフィアン的な）次の未来の波に備えることが十分に勧告されてよい。

榊原は大蔵省（現・財務省）の財務官を務め（一九九七～一九九九年）、金融の自由化がアジア金融危機の形で日本やその金融部門の心臓部を襲い、日本経済をまひさせ、不況に陥れ、それがかなり長引くと思われたとき（一九九八年）に日本の雄弁なスポークスマンを務めた。榊原は日本型の経済モデルの擁護者で、伊丹敬之（一九八七）とともに人的資本づくりを重視する（榊原 一九九三)。日本の資本主義の成功の鍵は、資本の蓄積や技術革新というよりもむしろ終身雇用制、現職訓練、コンセンサスによる経営といった特徴を結合させたところにあり、それらは人間中心の経済運営の形で頂点に達した。榊原は在職中、多くの機会に円の防衛を担当し、彼自身が市場原理主義、アメリカの原理主義と呼ぶものを絶えず批判した。市場の力にフリーハンドを与えて世界経済を運営すれば、米国の原理主義者が喜ぶだけである。歴史的に形成された経済の特色も尊重すべきであり、そうしないとグローバル化した金融資本が勝手気ままに振る舞い、長期のヘッジファンドに支えられた大量の短期資本の巧妙な出入りによって、各国の経済が次々に破壊される恐れがある。各国の自律性をある程度尊重することが、国の経済を安定させ、世界の繁栄を促進するための鍵になる。そうすることが世界のあちこちの経済のエンジンを十分に働かせるからである。米国/ウォールストリートのヘゲモニーのもとで日本経済を窒息させることは、解決にならないだけでなく、状況を悪化させるだけである。

演劇学科の教授で劇作家/演出家の山崎は、国の文化と国際的な文化をよりよく組み合わせることを提唱する(山崎 一九九七)。国際的な文化が国の文化を飲み込み、吸収するのではなく、後者が人間の共通のテーマに訴えることで、世界に拡散し、浸透することを想定する。共通のテーマとは、義理と人情、忠誠と裏切り、大きな野心と低姿勢の間のジレンマなどである。山崎は「和魂洋才」という一九世紀日本の近代化のスローガンの語順を逆にしようとしているようにみえるが、一九世紀の近代化主義者とは違って人間の共通の心と日本芸術の様式や文化の優美さを結合することを提唱する。共通性が先で、様式や手段があとになる。山崎は日本がすでに西洋に追いついたので、もはや日本の精神を受け身の形で強調する必要はなくなったと訴える。それらはすでに、いわば時の試練に耐えた。普遍化とグローバリゼーションの時代には何をなすべきか。それはすでに人間の文明に根を下ろした日本の芸術の繊細で洗練された様式や特質を訴えることでなければならない。そうすることが普遍主義の時代に国の文化の特質を強調するための新しい方法になる。

多くの日本人はウェストファリアン型のシナリオに傾いているようで、国民国家、国民経済、国民文化の三つの組み合わせが、日本人にとって最も居心地のいいシナリオであるようにみえる。上記の三人の論者は微妙だがそれなりに明確なそれぞれのやり方で国の特徴や誇りを強調しようとしているようにみえる。筆者はいろいろな要素のなかでもとくにそれらの要素に着目して、それらをウェストファリアン型のシナリオに分類している。

日本にはフィラデルフィアン型に分類できる論者がいくらでもいる。小説家で平和運動などで知られた小田実は国や国際レベルの非暴力を説き、国際的には日本が今後も平和憲法を守り、良心に基づいて戦争や軍事殺戮に反対する勢力として積極的に行動すべきだとする。小田は常に個人や自由の権利、人権、民主主義を出発点にし、『でもくらてぃあ』と題する近著のなかで、住民の力を信じ、市民がかじとりをすることを主張した（小田　一九九六）。小田は米国で学び、そこでの現実にやや幻滅しながらも米国の自由、人権、民主主義の精神の価値を受け入れた人の一人で、日米安全保障条約の改正、ベトナム戦争、沖縄返還、国連の平和維持活動（ＰＫＯ）への自衛隊の参加立法、一九九五年の阪神淡路大震災などに際して米国や日本、とくに日本の社会を批判してきた。小田は直接民主主義や地域レベルの社会運動に焦点をしぼり、積極的な政治参加が個人に力を与え、個人の価値を高めるとする。国際関係では個人や非政府グループのネットワークづくりや協力による平和の目標の追求に焦点をしぼっている。

経済でのフィラデルフィアンの一人が大前研一で、大前は国境のない経済の今後の方向を大胆に描き、国境が主な意味を失ったと結論する（Ohmae 1995）。彼によると、主権国家の優越は世界経済に害をもたらすだけで、そこではビジネスの行為者がネットワークを設けて、政府とはまるで無関係に迅速かつ大規模な取引を行う。彼の自由やテクノロジーへの確信やビジネス、教育、レジャー、政治改革の提案のすべてが、彼が完全にフィラデルフィアンに傾いていることを示している。彼はマサチューセッツ工科大学（ＭＩＴ）で原子力工学の博士号をとってから、ビジネスコンサルタントとして改革を提唱してきた。

山岸俊男は北海道大学の社会心理学の教授で、『信頼の構造』という著書で日経・経済図書文化賞を受賞した（山岸 一九九八）。彼によると、日本人の信頼は主として社会的集団所属からみて親近感のある人に向けられるが、米国では信頼がもっと一般化されている。両国はフランシス・フクヤマ（Fukuyama 1996）のいう高信頼社会として知られるが、山岸はその二つを重要な点で区別する。

日本人は自分の集団からは遠く、自分自身のネットワークの外にある人を必ずしも信頼しない。その一方で、日本人は適切なリスク評価によって誤りを避けられる場合でさえ、自分の所属する社会集団に認められた人を完全に信頼する傾向を示す。米国人は通常は、社会的に知られていようといまいと他の人に対して平等に振る舞い、それらの人に信頼を示す。だが米国人は日本人とは違ってリスクに取り組んだ人を意識的に高く評価し、そうすることで誤りを避けようとする。山岸がそうした一般化した信頼を重視するのは、それが協力しながら相互に協力精神を育て、社会関係にリスク評価の精神をもたらすことによる。彼の主張は日本での近年の多くの出来事での日本人と米国人を対象にした社会心理学的実験の結果に基づいている。

その顕著な例の一つが日本の金融機関で、日本の金融機関は借り手について十分に独自の評価を行わず、金融機関の役員が以前から個人的に知っているというだけの理由で気軽に融資を行い、そのことがのちに膨大な不良債権の山を残すことになった。

山岸のいう一般化された信頼は一六世紀半ばから日本社会の主流になってきた集団主義メンタリティからの明白な離脱である。池上英子はそうした伝統を「名誉ある集団主義」と呼んだ(Ikegami 1995)。この言葉は一六〇〇年から一九八五年(プラザ合意の年)まで日本社会を支配した武士階級の名誉や義務感に基づく集団主義的組織原理と解することができ、その後、ある種の個人主義が台頭する兆しがみられた。一六〇〇年までは池上のいう名誉ある個人主義が広がり、武士個人の名誉や功績が組織原理になっていた。山岸は、吉本ばなな等の個人主義的で内的世界を指向する思考のスポークスマンの多くとともに、個人ベースのメンタリティ指向の新しい波を代表しているといえる。

筆者のいう反ユートピアン・シナリオの著者は南の一部と北の大部分の間の経済的、文化的乖離を取り上げ、ポスト・ポスト植民地時代のいわゆる破綻国家の崩壊を強調する。筆者は日本の多くの反ユートピアン・シナリオの著者のなかにハンティントン的なイメージは見出していないが、彼らの著作のなかに日本の二つの巨大な隣国である米国と中国の崩壊の可能性についてのやや強硬な姿勢を見出している。米国崩壊の可能性は、その覇権的衝動や単独行動主義の傾向が南の一部の周辺化を拡大し得ることに由来し、中国の崩壊の可能性、あるいはその軍事力や民主化の衝動が中国や近隣諸国を不安定化させて、中国自体を揺さぶる可能性があることに由来する。

京都大学の国際関係の専門家の中西輝政は大英帝国が徐々に、しかし着実に衰退したことに注目して、日本が英国の場合のように不可避的な衰退への備えなしに急激に中級以下の勢力に衰退し得ると警告する（中西 一九九八）。中西が中国に対して強硬なのは、中国を不安定化と崩壊の源泉とみていることによる。中西の立場は、福沢諭吉が一世紀前に未来の波として唱えた「脱亜入欧」というスローガンからはそう遠くない。

京都の国際日本研究センターのエコノミストであった飯田経夫は、世界市場の運営に対する米国の覇権構造や姿勢への不信を隠さない（飯田 一九九七）。彼の見解では、米国型の市場原理主義は、南と北の乖離をさらに激化させて南の破綻国家の数を増やすので破壊的であり、世界経済を不安定化させる。彼のシナリオは反ユートピアンに属する。だが彼は米国の覇権が近い将来、米国の力を弱めるとはみていない。

東アジア史家の岡田英弘は漢族、満州族、モンゴル族、ウィグル族、チベット族の人々が継承した地域や朝鮮や日本を包含する地域の専門家で、『対等者の中の中国』（Rossabi 1981）のように、中国がこの地域全体を不安定化させ、自らを崩壊させる可能性が高いとみている（岡田 一九九八）。彼によると、東アジアでの漢族の支配はむしろ間欠的で、漢族以外による中国の征服と支配は歴史を通じて珍しいことではなかった。岡田はモンゴル、満州、中国、日本の言語に堪能な学者として、中華帝国がロシア帝国（一九一七、一九九一年）、オスマン帝国（一九一八年）、オーストリア＝ハンガリー帝国（一九一八年）のように崩壊する日がそう遠くないとみているようである。

2──日本の大戦略？

世界の未来について日本のオピニオン・リーダーが描く三つのシナリオを示したので、今度は筆者がそれらのシナリオをもとにして、日本の展望から何らかの大戦略または政策ラインを導きだす番になる。そのためにはまずそれぞれのシナリオが示すいくつかの主要なベクトルを地政学的枠組み、地理経済的基盤、地理文化ネットワークという見地から要約する必要がある。それらを何らかの形で合成することで、日本の今後（二〇〇〇〜二〇五〇年）の大戦略──もっと控え目にいうならシナリオ──を描けるようになる。

合成を始めるに当たって大事なのは、日本のリーダーによるそれら三つのシナリオの分布に注目することである。第一に、ウェストファリアンの枠組みが日本に強い影響を与えている。これは日本が第二次世界大戦の敗北と破壊に至るまで、この枠組みのもとで大きな成功を収めてきたことを考えると、きわめて当然のことである。実際にもウェストファリアン型の国民国家、国民経済、国民文化の三つの組み合わせは他の場所ではそう成功しなかった。古くから世界を論じてきたダニエル・ベル（Bell 1996）は、彼の仲間の多くとはやや違って一貫して自分の考え方を守り、自らを「経済では社会主義者、政治ではリベラル、文化では保守派」と呼んだ（Ignatius 1999）。彼のこのメタファー（暗喩）を借りると、日本は「経済では社会主義者、政治では保守派、文化では原理主義者」だということになる。次に筆者が一九四五年（敗戦）から一九八五年（プラザ合意）までの日本をこのように特徴づけた理由を説明する。

日本経済は資源を動員して近代化を推進し、その結果、所得がかなり平等に配分されるようになったという意味で、社会主義的なものだった。日本の政治は、その主な機能が最大限のコンセンサスに基づいて選好を集約して政治的安定を目指すことにあるという意味で保守的である。文化の点では、多くの日本人が太古からあいまいな形ではあったが稲作文化や天皇制などの形で文化の継続性を保ち、それらを日本人の一体性やユニークさと考えることにより無意識のうちに日本人としての結び付きに固執してきたという意味で原理主義的である。それらのことがウェストファリアンの枠組みに完全に調和した。国民国家は強固で、国民経済は強力で、国民文化も確固としていた。こうしたウェストファリアンの影響は、新しい千年を前にして窓からポイと投げ捨てられるようなものではない。

第二に、すべての面でフィラデルフィアンの影響が目につく。ここでもベルの言い方を借りると、日本は徐々に「経済の面で市場に友好的、政治ではリベラル、文化の面でもリベラル」になりつつある。地球市場の信奉者の大前（Ohmae 1995）はさらなる規制緩和や市場主導の経済を提唱する。「王よりも王党派」な小田（一九九六）は一九五〇年代末のフルブライト留学生時代から自由、人権、民主主義の旗を振り、安保条約の改訂（一九六〇年）、ベトナム戦争（一九六五〜一九七三年）、湾岸戦争（一九九〇〜一九九一年）、阪神淡路大震災対策での政府のけちさ、コソボ戦争での爆撃（一九九〇年）に積極的に抗議してきた。山岸（一九九八）は日本の集団主義、コンセンサス主義、社会関係での排除の論理に汚されなかった数少ない人の一人で、米国型の理想化された信頼を擁護する。

第三に、反ユートピアンの影響も過小評価できない。日本が欧米以外の国では初めて大きなことを成し遂げたという気持が深まっている。破綻国家が国際組織の関与を通じてポスト・ポスト植民地主義的なグローバル・ガバナンスに誘われ、グローバル・ガバナンスが領土的野心は放棄したものの「文明に導く任務」を復活させていることに、多くの人が着目し始めた。日本の有識者は南の一部と北の大部分の間の驚くべき不公平の行く末や、どうすればそうした不公平を封じ込め、解消できるかを問い始めた。反ユートピアン・シナリオの背後にあるのは、ここでもベルのメタファーを借りれば「経済的には『もてる』国で、政治的には保守的で、文化の面では原理主義者」の日本である。

反ユートピアン・シナリオには明らかに二つの議題がある。第一は、どうすれば南の一部でますます加速する周辺化を食い止められるかであり、第二は、どうすれば周辺化した地域が不安定化して地球を汚染するのを封じ込められるかである。飯田によると「米国が過度にレッセフェール的な米国型の市場原理主義を説き、推進するのをやめさせよう」ということになり、岡田によると「中国の脅威に気をつけよう」ということになり、中西によると「期待が徐々に後退するときには、自分自身の仕事に専念して、自分自身の利益を守るべきだ」ということになる。

日本の二〇〇〇～二〇五〇年の未来シナリオはウェストファリアン、フィラデルフィアン、反ユートピアンのシナリオのミックスした形で最もよく表現できそうだが、ここでは次の点を指摘しておく必要がある。第一は、基本的枠組みが少なくとも表面的にはウェストファリアンのそれにとどまるという点である。二〇〇〇年代に入ってさえ、一九二の国連加盟国がすべて、理想化された一九世紀型のウェストファリアン型の主権国家としての基本的要請を満たせるとみている人はどれほどいるだろうか。ケネス・ウォルツによれば、「普通の国」すなわち正しくウェストファリアンの国家とは、戦略核戦力をしっかり保持する国となる（Sagan and Waltz 2003; Waltz 1979）。つまり、おそらく米国のみとなる。第二は、フィラデルフィアンの影響が逆転不能のようにみえる点である。二〇世紀の第四・四半世紀に加速したグローバリゼーション（経済）、一極化（安全保障）、民主化（ガバナンス）という潮流のすべてがフィラデルフィアン・シナリオを指向している。それにもかかわらずその三つの行き過ぎが南の多くの地域の周辺化という形で巻き返しを生み、覇権に反対する運動が世界の共通のボートを揺さぶり、民主化のレトリックや儀式がしばしば不十分な南と北の民主的現実を混乱させることになる。第三は、フィラデルフィアン型の行動が行き過ぎると、反ユートピアン・シナリオを突出させる可能性があることである。

結局、日本の大戦略では表面的には基本的にウェストファリアンの枠組みが続き、その一方でフィラデルフィアンの影響が日本を含む世界に広がるものと思われる。日本の大戦略が地球的問題群に取り組むためにデービッド・ヘルド（Held 1995）やジャック・アタリ（Attali 1990）がいうような地球民主主義を想定するかどうかが今後の問題になる。日本は自らのウェストファリアン・プラス・フィラデルフィアン型の政策手段を通じて「周辺化した南」がさらに問題を南をこえてもたらさないように封じ込め、多国間外交の網の中に積極的にすくうようになる可能性が最も高い。

第5章　二一世紀日本外交路線の対立軸

二一世紀の日本外交路線はどのような対立軸をもって分析すればよいのか？　①米国との同盟について、徹底堅持路線対原則堅持柔軟対応路線、②グローバリゼーションへの適応について、市場原理主義対選択的段階的適応、③歴史的位置づけについて、唯米主義対善隣友好主義の対立軸から、二一世紀日本外交路線を分析する。

1—長期的、地球的視野からの日本外交戦略

ウェストファリアン、フィラデルフィアン、反ユートピアンの視点からみると、小泉後の日本外交戦略はどのように描かれるのだろうか。すでに見たようにウェストファリアンとは国家主権を強調し、フィラデルフィアンとは人民主権を強調し、反ユートピアンとは主権喪失を強調する。たとえば、世界食糧計画（ＷＦＰ）が半破綻国家に食糧を緊急援助することを取り上げよう。ウェストファリアンは半破綻国家とはいえ、国家主権を侵害されるのではないかとまず疑う。なぜかというと、ＷＦＰはできるだけ末端の困窮している人々に食糧が配給されるように要求するのに対して、半破綻国家には食糧自給が難しくなるとメンツが立たずプライドが傷つけられるだけでなく、超国家組織が半破綻国家に浸透し、中から転覆を助長するような活動をしないかと疑うからである。これに対してフィラデルフィアンは同じ行動をそのようにはみない。国家主権というよりは、ひとりひとりの人権が重視されるべきで、その基礎である生命が侵されかねない状況には支援を差し伸べたいという。さらに、反ユートピアンは超国家組織のなかに諜報謀略組織が潜り込んで、すでに弱体化している国家組織に取って代わる組織の中核を形成しようとしていると考える。反破綻国家から周辺化を余儀なくされている社会分子と連携を取りつつ、平和的な政権奪取を考える。そのためには、多少の国家的混乱を引き起こさなければならないとまで考える。主権がほぼ喪失しているのだから、新しい主権を主張できる母体をつくるのが重要だが、

それまではむしろ事態悪化を静観する。

二酸化炭素（CO_2）排出量規制について考えてみよう。ウェストファリアンは国家主権を強調するのであって、CO_2排出量を規制するのは国家であるという一点を強調する。それが確約されない国際的な合意には反対の立場を鮮明にする。途上国のほとんどは経済発展が第一の優先順位の課題である時に、余計な費用を使って企業にCO_2排出量規制を強制することが無理であるとする。したがって、国際的合意のその条項は途上国を除外するものとする。フィラデルフィアンは人民主権を地球規模で主張するために、国家間協定だけでなく、あらゆる方法でCO_2排出量を減少させようとする。化石燃料を使う時の効率を向上させる技術革新を奨励するだけでなく、電気や水素などを使った自動車を推奨する。さらには自動車に乗ることを制限することを訴える。反ユートピアンは地球温暖化によって、現在まで優位に立っていた先進国がそのエネルギーの過剰大量消費を通して、苦境に陥ることは歓迎しないわけでもない。CO_2放出が過ぎれば、社会的存続を劇的に難しくさせるのは先進国だからである。

郵便サービスの民営化を考えてみよう。ウェストファリアンは、郵便局は国営温存をまず考える。郵便サービスも郵便保険も郵便貯金も、郵便局を軸とした多くの事業は国営ないしそれに準ずる形で運営することが、国益にかなうという立場である。郵便局が過疎地にも必ずあってほしい、郵便貯金も郵便保険も過疎地にもある郵便局だからこそその意義が格段に評価されるという立場である。それに、郵便貯金や郵便保険は国家の後ろ楯で行う限り安心だというものがある。そのために国家財政も一定の余裕ができ、税金を主とする国家歳入を超えて、国家歳出が可能になるとする。なによりも草の根レベルで国家主権を感じられるようにしておくことが最も重要であるとする。フィラデルフィアンは、政府が郵便局の経営に責任を持ち、集められた資金使用が政府内で留まるかぎり効率が必ず低下するし、郵便サービス自体も効率というよりは組織の硬直性や事業の公益性により強く影響を受ける。そのために民営化は不可欠であるとする。それが人民主権に最も相応《ふさわ》しいとする。市場自由化の波は中長期的には技術進歩による世界市場の浸透を不可避とする。その中で、外国資本による買収などの危険も高くなるので、競争が厳しくならないうちに、民営化を徹底して進め、企業の競争力を高めることに全力を注ぐことが重要であるとする。反ユートピアンは国家規制で競争力が弱体化しているセクターをそのままにしておけばよいのではないかという。それによって国家の力が減退し、郵便サービス、郵便貯金、郵便保険なども外国資本に乗っ取られる好条件が作られるだろう。たとえば郵便貯金は米国資本、郵便サービスは中国資本などに資本の過半数を取られるという具合である。それによって国営郵便局の時よりも良いサービスが提供できるかどうかは定かではないが、それも自業自得ではないかとの立場を取る。

このように三つの潮流は多くの政策的な問題に一定の方向性を与える。しかも三つの潮流はつねに競合しつつも混合しているのが普通である。このような概念的な枠組みでポスト小泉の日本外交路線を考察するのが本章の目的である。つまり、国家主権、人民主権、主権喪失の三つを軸に日本外交路線を考える。この三つを軸に、国家と市場、国家と社会、国家と個人、日本と外国、日本と超国家組織を一望に入れた枠組みでみると、日本外交についてどのような路線が競争しているのか、対立しているのかが浮き彫りになる。

2—日本外交路線

日本外交路線は米国との同盟をどのような同盟に形成していくかで大きく考えが分かれる。米国との同盟を、ウェストファリアンは主権国家同士の古典的な同盟とするのに対して、フィラデルフィアンは共有価値、共通規範を基盤に置くグローバル・ガバナンスの重要な一角を成す紐帯のひとつとして考える。ウェストファリアンはあくまでも日本国家中心主義であるのに対して、フィラデルフィアンは地球市民が保持している価値規範から地球政治をみていく。反ユートピアンはむしろ途上国や破綻国家のなかで地球的安定に潜在的な脅威を与える国家に対して警戒意識を強烈に表現する。反ユートピアンは地球的安定に脅威を与える勢力を受容するよりは抑圧するものとして同盟をみて、同盟が地球的矛盾をさらに拡大することによって、世界政治の現状を打ち破る力になるものとし、同盟に反対しながら、そのような見通しを歓迎する。

意見分布からみると、日本では当然に主権国家による同盟とする考えが圧倒的な多数を占める。米国は日本の安全保障を約束し、日本は米国に軍事基地やその他の便宜を提供する。しかし、日本の領土防衛は日本の自衛隊が責任をもつ。米国は東アジア地域とそれを超えた地球的規模の安全保障を担当する。ただし、二一世紀にはいってからの同盟の展開はウェストファリアンの考えからだけでは難しい局面が多くなった。同盟が精神だけでなく、運用でも共同装備、共同基地利用、共同行動を目指しているからである。米国が冷戦後、そして九・一一後に自国の圧倒的優勢を基礎にしつつ、米国政府ともろもろの企業、非政府集団や個人、そしてもろもろの超国家組織のネットワークで、米国主導のグローバル・ガバナンスを形成しているとの認識が強まっている。その意味でフィラデルフィアンの観点が重要になる。しかし、米国は国家主権も強調するだけでなく、人民主権もことあるごとに強調する。この点が日本ではそれほど理解されていないようである。理解していると思われる場合でも、国家主権の視点でのみ、内政干渉の米国政府に対する戸惑いや不快感を示すということからもわかるように、フィラデルフィアンの考えは安全保障の分野ではあまり浸透していないようである。しかし、世界市場で縦横に活動する企業の観点は次第にフィラデルフィアン的なものとなり、日本政府の企業に対する抑制や拘束に対して困惑ないし不快感を示すビジネス・リーダーは少なくない。反ユートピアンはドン・キホーテ的に不安定化の震源地に敵対的言質を積み上げる場合と、逆にそのような震源地との多層的連帯を通して同盟の弱体化を図り、地球的混乱を図る考えもある。

日本としては地球政治の三潮流をどのように混合させて外交路線を紡《つむ》ぐべきか。一昔前には安全保障のようなハイ・ポリティクスは国家主権重視、貿易や金融や経済などのロー・ポリティクスは人民主権重視（ひとりひとりの企業家や投資家などを重視するという考え）というはずだった。しかし、二一世紀初頭ではハイ・ポリティクスの分野でも、国家主権絶対視は時代錯誤になっている。とりわけ米国との関係は国家主権重視の基調はよしとしても、フィラデルフィアンの観点が大きく拡大されなければならない。テロとの戦いや武器研究開発はフィラデルフィアンの視点からみないと全貌は摑めない。テロとの戦いはテロリスト個人個人を突き止め、個人個人をテロ反対へと準備させることなくしてなされないからである。武器研究開発は大きなリスクを個々の企業が背負う意気込みなくしてなされない。外国における人権蹂躪などの問題なども内政不干渉だけで片づけようとしないで、人民主権の観点からも、外交路線を紡ぐ必要がある。軍事基地の設置や機能変更などについても近隣諸国や地域の住民の意向をしっかりと把握し、部分的にでも受容せずには、何も進まない。中国との関係についても同じことがいえる。政冷経熱といわれ、日中の政治家は敵対しているが、企業は商売繁盛だという。それをすべて国家間関係だけでとらえようとするところに難しさが増える。

政府首脳同士が波長が合わなくて国家間関係が悪くても、それ以外の国家間関係はもちろん、経済関係や地方自治体や非政府集団の交流は強く持続しているから、別に構わないという方向に向かうとしたら、問題は残るだろう。むしろその他の強い関係に見合う形の国家間関係を構築しようという視点がフィラデルフィアンからは出てくるのである。国際組織についても国家主権絶対視からくる国際組織軽視の路線は大きく変更を余儀なくされるだろう。グローバル・ガバナンスがカバーする分野が次第に拡大しているなかで、ウェストファリアンだけの重視は問題を多くするだけである。ウェストファリアンの視点だけでは事は解決しない。地球的視点を強くすることがどのような方向性を選択するかという問題に向き合う必要がある。三つの問題がとりわけ正面からの議論を必要としている。(1)グローバリゼーション、(2)米国の一極的優勢、(3)歴史的位置づけである。

1　グローバリゼーション

一九世紀半ばから二〇世紀末までの長い間、ウェストファリアンの呪縛が強かったし、それは現在でも最も強い考え方である。しかし、二〇世紀第四・四半世紀以降は、加速するグローバリゼーションの勢いの影響を受けざるをえなくなっている。一九八五年はプラザ合意の年であるが、この年から一年間に前代未聞の事件が起こった。人類の歴史において、財とサービスの貿易は通貨の貿易を常に圧倒的な差で凌駕《りょうが》してきたのに、一九八六年には大きく逆転し、通貨貿易が財・サービス貿易の五〇～一〇〇倍を記録するようになったのである。グローバリゼーション元年というべき年である。この勢いは冷戦の終焉とともにさらに加速された。日本経済はバブル経済となり、一九九〇年代初頭までにバブルは崩壊し、一九九〇年代の長い不況が続くことにつながった。一九八〇年代から一九九〇年代半ばまで激しかった米国の日本市場自由化の要求にもかかわらず、米国政府は大きな成功を収めたとは言いがたかった。

一九九七～一九九八年のアジア金融危機後も日本の企業と政府は、自由化を促進するというよりは、貯蓄の多くを米国財務省債券（米国債）購入にあてることによって、米国に巨大な資本を流入させることを通じて、資本市場の要求、そしてより明示的には米国政府の自由化要求をそらしてきたという側面をもつ。日本経済の景気回復とともに地球資本市場による日本経済市場自由化の動きは加速されてきている。とりわけ今までは製造業に集中していた自由化要求は、サービス業の市場自由化へと焦点を変更しはじめてきている。サービス業はとりわけ政府規制が強かったため、強烈なウェストファリアンからの脱却が必要である。国家主権の視点からだけでみていると、あたかも米国政府が日本政府に要求している、押しつけているとの認識になりがちであるが、国家が操作できる以上の勢いで資本市場の要求が強まっていることをしっかりと認識することが重要である。重要なことは、市場自由化をすれば、市場における競争に直接的に晒《さら》されることになるということである。つまり、脱規制化された企業は規制期間が長かっただけ競争力強化の工夫と努力が少なかったわけであるから、よほど気を引き締めていかないと、その企業は株価が低下した時に外国資本や国内資本に一気に買収される危険を高めるのである。いいかえると、国家主権重視も市場重視も不断の競争力強化なしには意味をもたなくなることを認識しなければならない。サービス業における市場自由化の波はひたひたと迫ってくるわけだが、どの段階でどのように市場自由化を実現していくかは適確な判断を必要とする。

問題の本質はグローバリゼーションである。金融市場が地球規模で統合に大きく向かったプラザ合意(一九八五年)は、革命的に経済を変えている。製造業だけにハイライトが当てられた時期を脱し、現在はサービス業が脚光を浴びている。サービス業とは銀行、郵便、証券、保険や、新聞、出版などのメディア、教育、介護、病院、安全保障などである。グローバリゼーションは米国だけが駆動させているわけではない。しかし、米国が金融、経済、技術、情報、そして安全保障で他を圧倒しているために、グローバリゼーションの張本人とされやすい。超大国であるために、単独行動主義を追求していると見られやすい。それが反米主義を誘発しやすいのである。

一九九〇年代は「日米構造協議」などの日米経済協議に大きな関心が集まったが、あまり大きな持続的な成果はなかったのではないか。その意味では「失われた十年」という表現は、日米経済関係には少し当てはまるように思う。二〇〇〇年代になって、グローバリゼーションはさらに急速に進展し、サービス業に焦点を移している。政府規制色が強かった業界、護送船団と横並び体質の根強い業界などは、米国の「年次改革要望書」に戦々恐々としている。漠とした不安のうずまくなかで、前向きに大きく脱政府規制の歩みを進めた小泉首相の郵政民営化は内外の称賛を得た。なぜかというと、一九九〇年代の遅れを取り戻すと思われたからである。保護主義をぶり返させないためにも、反米主義に傾かないためにも、日米経済関係が牛肉や為替レートだけでなく、日本の企業と経済全体に関係する市場のルール作りに直接的に関わることが必要となる。その際に、市場自由主義の原則を進めながらも、次の二つのことをどのように実現していくかが、舵取りの成功を規定する。

第一は企業と経済の競争力を常に高めることである。過度の保護主義は、日本主義（日本の自然と文化と言語をとりわけ強調する考え）と絡まり、市場自由主義から大きく乖離し、しかも競争力を急速に喪失し、保護主義の企図する国内サービス業の庇護および国内サービス劣化の阻止の土台を、根底から切り崩してしまいかねない。

第二は社会的安全網の充実である。グローバリゼーションは競争力のあるもの同士を選択し、連合させ、そしてさらに競争力のあるものを作っていく。同時に、そういうゲームに参加できない人々を大量に創出する。これらの人々を救済する手立てを講じないでいることはできない。世論はそれを望んでいない。社会的安全網の充実なしでいくことは、保護主義の急激な台頭を加速させる。市場自由主義の原則の放棄は世界貿易機関（WTO）の玉条を放擲することであり、世界各国の信用を一気に失わせる。

「日米経済関係が失われた一九九〇年代だった」とする認識が時に去来するのは、日本の弱点であるサービス業にグローバリゼーションがひたひたと浸透しつつある中で、市場自由主義の歩みを一九九〇年代にもっと進められたのではという思いが頭をよぎるからである。日本では世論調査でもこの視点からの質問が行われていないために、反米主義はあまりよく認識されていない。しかし、二〇〇〇年代になって、書店でよく売れている本などを見ていると、二〇〇〇年代に入って日本人の心に保護主義と反米主義がふつふつと沸き始めているのが見て取れる。市場自由主義とは付き合いきれないという声が忍び寄ってきている。

2　米国の一極的優勢

米国の軍事的優勢は圧倒的である。米国空軍は世界一であるが、世界第二位の空軍は米国海軍であるくらい、米国は圧倒的な軍事力を誇る。武器研究開発投資からみても、世界の八五パーセントを占め、他の追随を許さない。今後二〇～三〇年の米国の圧倒的優勢をほぼ保証する数字である。しかも、米国以外の軍事大国上位七カ国はいずれも国民が高齢化しつつあり、高齢者のための社会政策支出が軍事費を抑えているが、移民が多く、社会政策支出が少ない米国ではその点比較的抑制効果を持たない。米国の軍事的優勢がどこまで続くかを規定するひとつの要因は反テロ戦争であり、人道的軍事介入である。自由、人権、民主主義を実現するためのこのような軍事行動は、想像をこえる費用を要求し、戦争費用が過大になると米国の圧倒的優勢の土台が揺らぐからである。米国の戦費調達は、米国債購入を通じて、外国から流入するお金に大きく依存している。米国経済がひどく不安定化したり、不調になれば、この方法に頼ることが難しくなる。金ドル兌換制はすでに一九七一年に放擲しているわけだから、ドルが信頼できるという認識だけが米国の繁栄と優勢を支えていることになる。米ドル紙幣に印刷されている「神を信ずる」と同じようにドルを信ずることが、国内だけでなく世界の各地で行われている。欧州連合（ＥＵ）の共通通貨であるユーロはドルに対抗する世界通貨である。ＥＵ内の国内総生産（ＧＤＰ）や貿易額が非常に大きいが、ドルを凌駕する世界通貨、覇権的通貨になるかどうかはわからない。域外では北朝鮮やイランのような、米国から経済制裁、金融制裁を受けているような国家で使われている。ユーロが追い上げてドルが現在のような覇権的優勢を喪失するようなことになれば、日本の計算は大きく崩れることになる。通貨でも武器でも旅客機でも、欧州というよりは圧倒的に米国との結びつきが強い日本の戦略は、米国の一極的優勢に依存している。米国の経済的衰退が加速しはじめた時に日本はどのような戦略を取ろうというのか。

さらに別の角度から米国の圧倒的優勢をより長く維持させようとする仕組みは、国内治安の国際連携強化と核エネルギー・レジームの制度化である。

二一世紀初頭の九・一一ほど衝撃的な事件はほとんど例がない。サイエンス・フィクションでは何でもありだが、このような衝撃的な事件が、実際にリアル・タイムで起こったのだから。しかも、冷戦後、唯一の超大国である米国の心臓部で発生したのだから。さらに、いくつかの情報機関などの事件予告にもかかわらず、大惨劇が発生したのだから。一九四一年一二月の日本の真珠湾攻撃は大きな衝撃を与え、米国の大反撃を生んでいったが、九・一一後、米国で真珠湾を想起する記事が多かったのは、なにより衝撃の強さを物語る。この大事件はその後、その時には予想もつかなかった中長期的な趨勢をつくっているようである。九・一一後の五年間、主要なテロだけでも三〇件を記録している。カラチ、ジャカルタ、イスタンブール、ロンドン、マドリード、シナイ、チュニス、カサブランカ、モンバサなどにおいてである。地球的規模のテロと米国の軍事主導の単独行動主義は五年間で大きくは変わっていないとすると、何が大きく変わったのか。国内的な意味の強いものがひとつ、国際的な意味が強いものがひとつである。国内的には治安強化と国際的連携強化、国際的には核エネルギー・レジームの制度化の始動があげられなければならない。

地球的規模で展開するテロに対処するために必要だとして取られた措置は、国際的に蠕動《ぜんどう》するテロリストの動きをそれぞれの国内で探知し、必要ならば拘束することができるようにする国内立法である。九・一一以前、すでに一九九〇年代からテロは頻繁に発生していた。米国の心臓部を突かなかったために、米国内で大きな対抗措置をとる運動にはならなかっただけだった。国際連合ではテロに対処する決議をすでに一九九九年に行っており、それに基づいて加盟国が国内立法を行うことになっている。日本も多くの加盟国に比べると遅れ気味だが、二〇〇二年の春、その第一弾が立法されている。国内立法の骨子は二つで、第一はテロリストの動きを探索しやすくする国内体制づくりである。人員増加、探知器等の増強だけでなく、市民の自由の一定の拘束がそのなかにはいる。日本では憲法や法律による自由の保障が強く、そして世論の反対が強いために、米国や英国のような市民の自由の強烈な拘束を中核とする法律は難しいだろうが、ある程度まで自由が拘束されることに軟着陸するのではないだろうか。第二は、テロリストを探索、拘束するための国際的連携である。テロは地球的規模で発生するわけだから、ひとつの国の立法で事が片づくわけではない。すべての加盟国が連携しなければならない。連携とか協力は一定の規則とか規範の下で可能になるわけだから、ひとつの国で立法したからといって、事が片づかないことも容易に想像される。とりわけ米国の単独行動主義が強く発現される場合には、まちがって容疑者を拘束し、拘束された場所の政府の協力を得て、米国とかアフガニスタンとかに収容してしまうようなことも発生する。

国際的連携の必要が強く国際的にも認識されたことを示す具体的な行動は主要八カ国首脳会議（G8サミット）である。二〇〇三年のシーアイランド（米国）のG8サミットから内務閣僚会議が、外務、財務、経済産業などとならんで開催されることになった。内務というのは、日本では総務省になるが、米国や英国など多くの国ではとりわけ治安警察、公安機関や情報機関が前面に出る。G8の前身であるG7は西側諸国がその利益防御のために国際的に連携協調することを目的に一九七六年に創設されたものだが、エネルギーや経済運営から、安全保障や外交などにその守備範囲を必要に応じて拡大してきた。日本の政策路線も段々とそれに適応していることはいうまでもない。今回は情報、探索、拘束という国内治安の国際化となっている。テロ防止にも二つの方法を徹底しないとなかなか目的は達成しにくい。ひとつは容疑者になりそうな人間の動きをしっかりと把握しつづけることである。もうひとつはテロに使われそうな器具を制限し、それを探知することである。たとえば、飛行場の検査は普通、後者である。

探知機に旅客と旅行荷物をくぐらせて調べる。同じ飛行場の検査でも、旅行荷物を検査すると同時に、その旅行荷物を携帯している旅客に検査官がしきりと話しかけ、怪しげなことがないかどうかを発見する方法となる。このような前者の方法はたとえば、イスラエルのベン・グリオン空港で徹底して実行されている。旅客の視線、姿勢、落ち着き、言葉、服装などをさりげなく、しかし注意深く観察する。ヒューミントとよばれる情報を綿密に調べる方法は、イスラエルのエル・アル航空では過去三〇年無事故であることからみても、その有効性が証明されている。また、二〇〇六年八月、英国で大テロの発生を未然に防止し、容疑者を拘束したことも、ヒューミントの有効性を証明する。いうまでもなく、それだけでは十分でありえないが、それなくして十分でありえないのである。しかし、市民の自由を侵し、尊厳を傷つける可能性をどうするかという問題は永久に残る。

九・一一は米国の単独行動主義を勢いづかせ、米国の主導する有志連合の軍事行動がその後発生した。アフガニスタンとイラクである。テロに対抗する、大量破壊兵器を壊滅させる、民主主義を推進するというような目標を掲げて行われたわけであるが、これらに手こずっているうちに、浮上してきたことがある。それはエネルギー需要の大幅な増加であり、それに関連して上昇してきた核エネルギー利用の機運の向上である。九・一一後の戦争は精密に標的を決め、圧倒的な壊滅力で迅速に実行する戦争のはずだった。しかし、戦争開始五年目には、すでに米国政府は、「長期戦」と再定義している。米国および主要国が戦争出費に精力を吸い取られているうちに、中国、ロシア、インド、ブラジルなど経済発展に弾みをつけた国が急速に浮上した。このような国の人口規模とエネルギー消費の非効率が相乗して、エネルギー需要が爆発的に増大した。スリーマイル島やチェルノブイリなどの事故から三〇年間、世界の核エネルギー利用意欲は低下、停滞を経験してきたが、このところ核エネルギー利用の意欲が非常に高まっている。国際原子力機関（IAEA）、国際エネルギー機関（IEA）、そして米国エネルギー省などが立て続けに報告書を刊行し、これからの二〇～三〇年のエネルギー需要予測に基づいて、どのような核エネルギー・レジームが必要なのかを検討している。

まず、核エネルギー技術開発がスリーマイル島事故以降の三〇年間に停滞したことが大きな心配である。事故が起きやすくなる。米国だけが核エネルギー創出を独占するわけではなく、かなりの国が核エネルギー供給を担当し、近隣諸国に配分する役割を担うようになると思われる。市場メカニズムに核エネルギー供給をすべて任せるわけにはいかないので、どの国が核エネルギー創出で信頼できる技術水準を維持し、どの国が核エネルギー創出装置を核兵器生産に使わないという信頼できる民主的な公開説明原理を高く維持できるかという問題がある。核不拡散条約（NPT）が、締結当時の核保有国の軍縮義務を明確にしているにもかかわらず、新たな核保有を防止しようとするだけで、しかも新規に核保有した国に対してもそれほど厳しくあたっているわけでないことから、いずれにしろ独自に核開発を進展させることが得策だという判断をする国家が増えたのである。それで北朝鮮やイランが近年とりわけ注目されている。米国や欧州やその他の国家が恫喝しても、宥和しようとしても、梃子《てこ》でも姿勢を変えない。それにパキスタンやインドのように、最近核兵器を獲得した国家も、ある役割を果たしている。どちらも核兵器獲得に関連して、世界世論の非難はともかく、乗り越えがたい経済制裁なども受けず、ほぼ無傷との認識が広くあるので、これも核開発（核エネルギーと核兵器の両方）の勢いをさらに加速させるかもしれない。とりわけ、米国とインドが核エネルギー開発利用について一定の合意に達するとみられることが、国際政治の再編成をもたらすかについてさまざまな憶測を生み出している。おそらく米国政府は核エネルギー供給と中国牽制の主要目的に鑑みて、米国とインドを一種の特別な関係にもっていこうとしているのではないかと思われる。

ＩＡＥＡの考え、とくにその事務局長の考えによれば、世界各地域の、核技術水準からみても民主的な運営からみても十分に信頼できる国に、核エネルギー供給国として近隣諸国の要請に応じて核エネルギーを供給する役割を負わせようとしているようである。米国の考えは各地域というよりも、第三の基準、「米国と波長が合うか？」をさらに入れて、そのような核エネルギー供給システムを世界中に配置していきたいような感じである。なにしろ、研究開発がはじまれば、核エネルギーについても核兵器についてもそのうちには両方ともできることになりやすいので、核兵器開発は自制し、しかも必要な国家には核技術の提供なしに、核エネルギーを提供するという国家を、米国はもちろんＩＡＥＡも求めているのである。そしてそのような力学のなかから、イランや北朝鮮のように、核の平和利用といいつつ、そのうちに両方とも可能にしてしまいたいという国家が増加するのではないかと思われる。

北朝鮮はエネルギーがあまりにも不足しているというので、一時は軽水炉建設を米日韓などが無料で提供し、その代わり北朝鮮は核兵器についての野心を捨てるというはずだったが、すべてが崩れているのが現状である。北朝鮮は既定路線を追求し、六カ国協議の当事国は北朝鮮の核兵器開発放棄を期待している。北朝鮮は国家の安全が米国によって保障されなければ、核開発中止はありえないことを明白にしている。イランは核エネルギー開発と平和利用を強調しているが、いずれ核兵器生産も辞さないと思わせるような固い決意があるようである。イランの核エネルギーの平和利用についてはイランの中では、日本モデルを踏襲しているだけとの声もある。つまり、日本のように、核兵器生産を自制しつつも、プルトニウムのような濃縮エネルギーを生産できるようになりたいというのである。プルトニウムは核兵器にすぐに改造されうるだろうし、プルトニウムが出来るときに不可避的に生産される放射性廃棄物についてはどのように処理する仕組みを国際的につくれるかが、常に問題である。レバノンのヒズボラという武装社会集団とイスラエルとの軍事紛争においては、ヒズボラがイランと密接な関係にあることから、イラン製のミサイルに核兵器がつけられ、エルサレムやテルアビブが標的とされることも想定される。経済発展の躍進が著しい中国のエネルギー需要に対しては、供給がまったく間に合わない状況のなか、中国は至るところ、石油や天然ガスそしてウラニウム鉱なども含めて、確実な計算と強烈なバイタリティで世界中に求めている。インドも経済的躍進が華々しくなっているなか、エネルギー需要が急激に高まっており、核エネルギー供給を一気に伸ばしたいと考えている。石油や天然ガス資源についても、財政的な余裕があまりないので中国のような行動はみられないが、エネルギーの大幅な不足という状況は共通している。そして核開発の技術水準さえ高ければ未来は開けるとわかったら、核兵器やその他の兵器（たとえば、ミサイルなど）の輸出を通して外貨を獲得し、エネルギー供給を確保しようとする個人や企業、軍部や国家が必ず出てくるのではなかろうか。

日本は大きな路線変更を迫られている。テロと核エネルギーの双方に対して、日本は適切に迅速に立ち向かえないという意見が強いようである。課題自体が困難であるのに加えて、熟慮、討議と立場決定が予想以上に早く必要になるという難題に日本は直面するのではないか。

3　歴史的位置づけ

歴史的位置づけとは日本を世界の潮流のなかにどのように調和的に位置づけるかということである。日本には日本の呼吸法とでもいうべきものがあり、後発国でありながら、距離に助けられて、文化的にも軍事的にも従属的な地位をあまり経験しないで、世界との関係を保持してきたという歴史がある。そもそも古代日本国家の成り立ちが、遠くから来た外来人集団によって大きく助けられた歴史がある。幾度もの外来集団の移入を受け入れていればこそ、土着集団との融和が定着すると、文明をもたらした大陸との距離の取り方が選択的になるのは、国内の政治的安定を考えると当然だった。自らが外来の支配集団を形成したのであるから、それ以上外来者をさらに受け入れれば、外来者集団の対立抗争をうながし、自らの地位をゆるがしかねない。政治的に介入される危険を多くしてまで、交流、交易を増大させることには乗り気にならず、政経分離の形態をとった。いうまでもなく、当時は国家主権という概念はなかったが、古代中国の建設過程にとられた、国内と外国の区別の明確でなかった時に使われた朝貢という仕組みがあった。はじめは黄河中流の中原の支配の正統性を認めていないものに対して、外交関係を結ぶような、国内支配関係を容認するような、曖昧なものとして存在した。中国の版図が縮小したり拡大したりするなかで、朝貢関係は中国の政権にとっては国際関係を安定化させるだけでなく、国際関係が中国政権の支配の正統性を損なわせる材料にならないようにする仕組みでもあった。

そのような朝貢関係を日本は古くから拒絶していた。すでに七世紀始め、中国の隋朝が中国の東北部から朝鮮半島を支配していた高句麗との紛争に手こずり、帝国衰退の始まりを現出していた時に、日本はこの時とばかり、「日出《いず》る国の天子より、日沈む国の天子へ」という対等を殊更《ことさら》に主張する書簡で朝貢関係を否定していったのである。朝貢関係とは、支配の正統性を外国ないし近接外国に対しても賦与する儀式を通商交易特権の認可と組み合わせて行うもので、中国からすれば中華思想というイデオロギーをさらに引き立たせるものである限り、心地のよいものであった。遣隋使や遣唐使はあまり長続きはしなかった。ウェストファリアン的言い方をすれば、国家間関係は長いこと存在しなかったのである。あるのは交易関係と相互に都合のよい儀式と口実であった。しいていえば、国家間関係は国内の支配の正統性を演出する道具であったともいえよう。日本は中国のそのような思想と強さを認識していたからこそ、距離を取ることに長けていたともいえる。

中国が不安定化と内乱と王朝交代に直面すると、日本はその他の近隣諸国と同様に、飛び火しないように警戒し、同時に機会があれば影響力拡大に関心を示した。新しい王朝が誕生すれば、逆にみずからの方に新勢が向かってこないように前の王朝との関係からいつどのようにスイッチするかに腐心したのである。七世紀の朝鮮半島での軍事介入は、日本と朝鮮半島の勢力がお互いに入り組んだ形をしていたことを示唆している。朝鮮の勢力の一部と日本の一部は同盟関係を結んでいた。七世紀以後、日本は軍事介入を大陸に試みていない。その間、モンゴル人が韓国人を大量に引き連れて一二世紀末に日本に二回侵攻しようとした。一五～一六世紀、中国の明朝の勢力が退潮を迎えると、日本人の海賊兼貿易商人が中国を荒らし回った。一六世紀に明朝が衰退するや、従来からのモンゴル人だけでなく、満州人（女真族）が明朝に脅威を与えた。さらに日本人は朝鮮半島から中国征服を目指して二回侵攻した。一七世紀半ばには満州人（女真族）は明朝を打倒し、清朝を樹立し、満州人、モンゴル人、ウィグル人、チベット人、そして漢人の連合政権とした。

一七世紀なかばに成立した東アジア秩序は二一世紀にいたるまで少なからぬ影響を残していることに注目しなければならない。清朝は最も大きな版図を豪語して、中原王朝たることを喧伝したが、起源と中核が非漢人であることが朝貢体制を国際体制として強調させたのだろう。今日中国が東南アジア諸国連合（ASEAN）＋3（日中韓）を心地よい地域として描く歴史的起源がここにある。今日韓国が東アジアの中心であるかのごとき言動をする歴史的起源はやはりここにある。西には非漢人の、さほど文明的でないとされる王朝（清朝）が君臨し、東には非漢人の、やはり非文明的とされる日本が孤立していた。わずかに朝鮮半島の朝鮮王朝が正統中原王朝の儒教その他の伝統を最もよく継承していた。今日韓国が北東アジアに限定して、米国、中国、日本、ロシアの間で均衡外交を喧伝するのもその名残である。日本は清朝が中国全土を征服した余勢をかって、いつか日本に軍勢をすすめるのではないかということを心配していた。朝鮮王朝に対しては、日本への復讐にいつ清朝を誘うかを心配していたし、清朝に対する警戒から、長崎出島以外での交易やその他の活動を禁じた。同時に、対外警戒から、交易自体すら最小限に留めたのである。鎖国とは、対外警戒と同時に、国内的に徳川幕府に挑戦しかねない勢力が出現するのを妨げる目的があった。キリスト教、とりわけバチカン法王庁下のカトリック派に対しては渡航を厳禁し、辛うじてオランダ人と中国人に交易を出島で許可したのである。その他、日本の周辺地域で外国との交易などを行う特別許可を得たのは、アイヌ人とロシア人についての松前藩、韓国人についての対馬藩、琉球王国（およびそれと交易する清朝）についての薩摩藩があげられる。日本も韓国も中華思想を受容し、みずからを小中華と称する小宇宙を形成したのである。これについてはベトナムも同様である。徳川時代の世界地図は日本を中心とし、北東アジアのみならず、東南アジアと南アジアをも視野にいれた、いわば二〇世紀半ばの「大東亜共栄圏」、そして二一世紀初頭の「東アジア共同体」の範囲を心地よしとするものである。

二一世紀初頭の東アジア国際関係はこのような歴史的起源を強く残しながらも、新しい要素を鮮明にしている。韓国は中国とロシアを一方に、他方に米国と日本を置き、米国との同盟関係を極小化させるとともに、日本との関係では軍事防衛外交の色彩を極力薄めたいような感じをみせている。中国の経済発展の怒濤のごとき勢いと同走しようという意欲、それを可能にさせるかもしれない北朝鮮という未開地を視野に入れている。北朝鮮を破綻させず、それとの緩い連邦的関係を結びつつ、当面は直接投資の強化を企図しているといえる。連邦化を次第に強めるなかで、韓国は北朝鮮の開発している核エネルギーと核兵器をもゆるやかに統合化していくかもしれない過程で、もしかしたら、強い統一韓国が出現できるかもしれないというような計算が、韓国内で反対派と拮抗しながら進展している。そのなかで反日が恰好のスローガンになっている。中国は共産党独裁と半資本主義経済を結合させ、どの外国ともことを構えずの路線で、どの国に対しても卑屈にならず、従属せずの反植民地主義の歴史をいつか克服しようとしているのである。米国の一極優勢のなかで国力伸長を図るには、ペースセッターたる米国の枠組みに異を唱えず、第二次世界大戦の敗戦国日本の支援を十二分に利用しつつも、その伸長を抑制しようとする外交路線を採用している。それは共産党支配の諸矛盾の隠蔽とも調和する。中国の興隆はそのような展望を許すかのようにみえるが、難題である共産党支配の諸矛盾は、急速で粗放な資本主義の諸矛盾と固く結合しているために、支配層の取りうる政策の幅は非常に広いというわけではない。そのなかで反日が恰好のスローガンになっている。

日本はなぜこのように韓国や中国の標的になりやすくなったのであろうか。それには四つの理由がある。第一に、「第二次世界大戦の大義は反ファシズム、反植民地主義であり、日本はファシズムであり植民地主義であった」という認識をはじめから必ずしも十分には共有せず、日本では第二次世界大戦を帝国主義列強の勝敗としてみる傾向が強い。しかも韓国や中国そして東南アジアについては、日本の戦争遂行のための手段として屈辱と犠牲を強いたことを看過しがちである。それどころか、日本を加害者としてよりも、被害者としてみる認識が強い。日本がこのような大義の構図に根本的な疑義を打ち出すものとみられればみられるほど、日本に対する疑念が高まる。その疑念は韓国や中国だけでなく、旧連合国すべて、とりわけ米国の疑念を高めることになる。

第二に、一九八五年のプラザ合意から一九九七年のアジア金融危機を経て、グローバリゼーションの深化は着実に感じられるようになり、市場自由化は容赦なく、人々の生活に影響を与えるようになった。グローバリゼーションは国民経済をひとつの有機的な単位として機能させることを破壊した。地球市場をひとつとしてみたときに、競争的なもの同士が結合し、非競争的なものは周辺化する。地球規模で経済活動が不断に再編されている。この競争的再編が進めば進むほど、周辺化する経済単位が多くなるために、社会的安全網の充実が必要との声が大きくなる。しかも米国の一極優勢を明々白々にした二〇〇一年の九・一一事件とその後のアフガニスタン戦争、イラク戦争そしてレバノン戦争を経るなかで、グローバリゼーションがイコール米国の影響力浸透というような認識を強くした。外国資本が投機的に迅速に大量に移動するなかで、米国一極支配のイメージと重なり合うのである。このような動きは反米主義をことさらに強くした。

第三に、日本の一九九〇年代が「失われた十年」と時に呼ばれるのには一理がある。日米同盟は冷戦後、米国一極優勢に適応していくなかで強化されたが、まだレトリックにとどまっていたのが一九九〇年代であった。二〇〇〇年代には、日米同盟を作戦、戦闘の面でも共同にする努力が必要になった。それは反テロ戦争においてである。市場自由化については、一九九〇年代には日米構造協議などが頻繁に行われた割りには進展が少なかった。二〇〇〇年代には、まったなしとの共通認識ができ、タイム・スケジュールに従うように、製造業だけでなく、遅れ気味だったサービス業についても市場自由化が進みはじめた。安全保障でも市場自由化でも過度に米国寄りだとの認識が日本外交に出始めたのは自然ではあったが、これを食い止めるひとつの手だてがナショナリズムであったろう。

第四に、なぜナショナリズムかというと、保守中道政権にとって極右からの攻撃は自殺への招待に相当するからである。立党の理念がナショナリズムである限りにおいて、有権者の右派と中道の多数を獲得しないことには政権維持が難しい。他方、極端な右派となっても、中道は反発、そして離反する。しかし、安全保障でも市場自由化でも過度に米国寄りとみられやすいとの認識の下、ナショナリズムへの言及が不可欠との判断があったのである。それが右派中道政権下、過度に米国寄りと認識されがちな政策路線遂行に不可欠であるとの判断がなされたのである。しかも、近隣諸国も同様な国際的国内的背景下でナショナリズムの加熱化がやまない状況にある。韓国しかり。北朝鮮しかり。そして中国しかりである。そしてこれらのナショナリズムの最も好都合な標的は日本である。それで日本においてナショナリズムに対する宥和、ナショナリズムの受容によって、反米主義の沸騰を回避しようという政策が、おそらく政策当事者の意図をこえて想定外の状況を現出させたのである。日本が極端にナショナリズム路線をとっているとの認識が広くもたれるようになれば、米国自体の対日信頼も蒸発してしまいかねない。このように、米国との同盟、グローバリゼーション、そして歴史的位置づけの問題がまさに有機的に結合している。

3—日本外交路線の選択肢

このようななかで、日本外交路線はどのようなものであるべきか。米国との同盟を堅持するという路線について、徹底堅持対原則堅持に意見は分かれる。米国との同盟を破棄ないし段階的に解消すべきという意見はごく少数である。グローバリゼーションへの適応については、市場原理主義対選択的段階的適応に意見は大きく分かれる。グローバリゼーションに徹底抗戦すべきという意見はごく少数である。歴史的位置づけについては、唯米主義対善隣友好主義に意見は分かれる。

1　米国との同盟──徹底堅持路線対原則堅持路線

徹底堅持路線は米国との同盟こそが日本の平和と繁栄を中長期的にも確保する最良の路線とする。米国そしてその前の英国との同盟堅持の時代が日本が平和を確保できた時代であって、大陸への介入の時代が日本の戦争の時代であったとする。これは歴史的観察であり、政策処方箋である。ニッコロ・マキャベリとトマス・ホッブスが最大の賢人であるような世界からは距離を保つことが最善の政策であるとする。地政学的にみて日本は海洋国家であり、朝貢体制や大陸の権力政治には不介入こそがベスト・ポリシーであるとする。日本は米英を軸とする海洋通商国家であって、自由航行、自由貿易、自由市場を根本とする時にはじめてその長所を開花させることができるとする。なぜならば、資源もなく、国土も小さく、戦略的深みを確保できないからである。世界に交易を求めて雄飛することこそが平和と繁栄の基なりとする。ここではアダム・スミスとフーゴ・グロティウスが賢人となる。そして安全保障は自由と民主主義を堅持するとはじめて堅固になるとする。このような意見は少数ではあるが、中江兆民『三酔人経綸問答』（一八八七年）の洋学紳士の意見は健在である。ここではイマヌエル・カントが賢人となる。ただ、カントの世界は文明的なもの同士の流儀とそうでないものの流儀を分別しているところがあり、文明的でないものに対しては戦争こそが適切な対応としているとするロジャー・スクラトン（Scruton 2001）のような学者もいる。その意味では徹底堅持路線はスミスとグロティウスとスクラトンを経由したカントを賢人とする世界である。歴史的哲学的な議論とは離れて、敗戦が同盟を作った限りにおいて同盟を甘受することがベスト・ポリシーであるとする議論が、吉田茂以来有力なことは論をまたない。第二次世界大戦の大義を甘受した講和条約である限り、そしてそれが世界の大勢であるとする世界世論が消え失せない限り、米国主導の世界政治運営の根本に異を立てるのは愚策であるとする。**覇権安定論**のロバート・ギルピンやジョージ・モデルスキーを賢人とする意見である。直ぐに発せられる問いは、米国の覇権はいつまで続くのかということである。ここに原則堅持論が台頭してくる。

原則堅持論というのは、米国との同盟は日本の立国の理念である憲法に照らして整合的な解釈がどうしても無理とされる場合には、平和主義と不介入主義を適宜選択的に強調すべきとする議論である。国際法が国内法に優先するとの主流派の考えを少し変更し、国内法優先を時に選択的に強く主張する立場である。同時に、米国の衰退がどのように進展するかに注目する立場でもある。軍事的には前例のない強さを保持し、米国の支出が世界の八五パーセントという武器研究開発支出からみても、米国はこれからの二〇～三〇年、最強の地位を保持しそうである。しかし同時に、強さをいいことに過度の軍事的介入を行うようになり、その費用負担が米国だけでは当然に無理なので、しかも米国の衰退を促進しかねないので、「グローバル」に解決しようとすることになるだろう。「グローバル」とは、主要先進国がいくつかの基準からみて応分の負担を背負うということである。軍事介入なしではその負担が過度になるという時には、熟慮したのちに、軍事介入に参加するという立場になるだろう。また、その人道介入が国際連合などの意向により敬意を払われないときには、日本としては憲法の原則を選択的に強調することもありうるという立場である。この立場は、原則を明らかにしにくいという問題を伴い、しかも腰が引けた立場と米国には取られかねないので、微妙な立場の選択が重要になる。むしろ忠誠を徹底的に堅持した方が信頼も高まるだろうし、信頼が高まれば、国内事情で期待に応えにくい場合でも、米国の寛容度が高くなるとき米国と議論もできる。とりわけ、核エネルギーと核兵器をより厳密に管理する仕組みを米国や国連などが画策している時に、すべての面で微妙な立場を形成しなければならなくなることは明らかである。米国や国連は核エネルギー供給に関して、核兵器拡散を阻止する一つの手段としてグローバルな仕組みを作り、各地域の供給国を指定し、技術水準からみても、政治的責任からみてもそれらの国が信頼できるようにしていきたいのである。日本は核エネルギー供給国の地域センターとなると同時に核兵器永久無所有国になるであろう。中国や統一韓国そしてロシアが核兵器を強力に配備する時には、日本の原則堅持が揺れることになるだろう。それは米国の覇権が揺らぎはじめる時と合致することになるだろう。

2　グローバリゼーションへの適応——市場原理主義対選択的段階的適応

市場原理主義対選択的段階的適応はどこまで政府の政策として自由度があるのか、すぐには明らかでないところがある。しかし、選択の余地は確実にある。グローバリゼーションの勢いが金融市場の地球的統合を着実に達成しているために、一国単位の経済運営の実効性が高いことを期待しにくくなったのである。日本銀行の量的緩和政策によるデフレーション阻止も、企業投資と個人消費が堅調に伸びないかぎり実効性が強くでないことでも明らかである。地球はフラットになったのであるから、人々は地球経済全体をみて行動をとるためである。製造業では中国が低賃金を強みとして力を大幅に伸長させたが、同様にインドは英語力とIT力を強みとしてサービス業で力を大幅に伸長させた。資本はすでに地球的規模で駆けめぐり、工場は世界のどこでも柔軟に立地され、労働も、質と賃金と雇用形態と時差を基に、最適の調達がなされる。カール・マルクスが資本論で考えたような資本主義ではとうになくなり、創造的で革新的な新しい考えに基づいた技術が大きな違いをもたらしはじめたのである。そのような新しい考えを誰が出すのか、それを基礎にどのようなパッケージをつくるのか、それが資本主義になりつつある。したがって、市場原理主義対選択的段階的適応はグローバリゼーションへの適応の方法としての違いを出しているのである。グローバリゼーションに適応するには、創造的な思考、新しい考え、豊富な情報などが重要であることを否定するものではない。しかし、市場原理主義対選択的段階的適応の違いは、現今のグローバリゼーションの方向と勢いからみて非常に重要な意味をもつことも明らかである。

製造業には市場自由化を引き延ばす理由があった。一国資本主義が健在であった時代にはそれが説得力をもった。雇用を理由にしたり、自給自足が基本であるべきと議論したり、あるいは国内資本の力不足を嘆いたりした。グローバリゼーションが深化していない、関税及び貿易に関する一般協定（GAT

T）の時代には、途上国の国内事情が強力に働いた。グローバリゼーション時代でもその点では質的には変わらない。しかし、日本自体が完全に先進国であることと、グローバリゼーションがサービス業に焦点を当てていることは、日本の適応を難しくしている。製造業では海外展開も既に活発になされているし、匠《たくみ》の精神こそが日本の強さと豪語していたくらいだから、適応も順調であったが、サービス業はそれほどでもない。サービス業はルールが基本であるために、そして政府に庇護され、規制されている業界が多いために、政治的には微妙なことになりやすいからである。郵政民営化法案があれほどまでに紛糾したのもこの理由による。しかも政府規制の強い業界は政府自体の出費を伴いやすい。政府歳出削減は日本政府にとって至上課題である。それが郵政民営化の促進要因であるが、そうでない場合でも、問題は単純である。規制を手厚く受けていても国際的競争力は低下する一方である。国際的競争力が低下したならば、いったん市場自由化が決まると、あっと言う間に外国や国内の資本に併呑されるリスクが高まる。買収されるのが怖いからといって保護主義の権化みたいに不作為のままだと、企業も個人も地域もすべてが自分を支えていく力量を喪失していく。それでは政府による社会的安全網の充実を訴えていけばいいかというと、政府自体が歳入の不足で悲鳴をあげているわけであるから、それを頼みの綱にするわけにもいかない。たしかに、リンゴの例のように、米国オレゴン州から導入されてから一世紀半たってはじめて、日本のリンゴが世界に輸出されるというような展開を、これからサービス業でみることはあまりないと思われる。保護主義が徹底していて、青森と長野の数万にもならないリンゴ農家を農林水産省と厚生労働省（旧厚生省）が保護した。その間、甘く、柔らかく、大きくしかも多種多様なリンゴが日本で生まれ、輸出も増加してきた。このようなテンポを郵便、保険、銀行、証券、テレビ、新聞、出版などのサービス業について夢見ることはできないだろう。グローバリゼーション自体には、ガリレオ・ガリレイ、トマス・エジソンだけでなく、ウォール・ストリートが駆動力になったことを想起しなければならない。

3　歴史的位置づけ——唯米主義対善隣友好主義

「歴史的位置づけ」は、唯米主義と善隣友好主義と分別されるが、実際は微妙に複雑である。唯米主義は米国との同盟をしっかりと運営できれば、その他のことは第二義的なことになるという議論である。覇権国である米国との同盟がうまくいかなければ、何かがうまくいっても結局うまくいかなくなるという議論である。覇権国のならいとして、日本との同盟が弱体化すれば、それにかわる同盟国を育て上げることが容易に想像できる以上、とりわけ東アジアにおいては既にそれが視野に入りそうな気配さえあるのであるから、ここで同盟を選択的とか柔軟化とかいっても、日本の国益にかなうかどうかは疑わしいという議論になる。とりわけ近隣諸国のなかには核兵器で脅威を与え、攻撃しかねない国や、破綻して難民を何十万、何百万と出しかねない国や、国内的な問題を逸《そ》らす手段として反日を利用する国が眼前にある以上、米国との同盟を堅持することを除外した選択肢はないと議論する。しかも憲法に代表されるような、武力行使を除いた平和裡な紛争解決を目指す原則を死守しようとするのであれば、米国との同盟なくしては考えにくいという議論になる。米国との同盟は歴史的にも、敗戦から一転して最も緊密な同盟国のひとつになったという位置づけが最も重要であると議論する。第二次世界大戦で生まれた緊密な関係は日米と仏独である。そしてどちらも第二次世界大戦以降の最も強力で持続性のある同盟関係である。日本が日中同盟を結実させ、米国を排除しようとするならば、地域的な安定化は難しい。しかも日中同盟は共通に擁護すべき価値規範（たとえば自由、民主主義、人権、知的所有権など）について合意を強くもつことは当面は無理である。このことひとつをとってみても、唯米主義は強い基盤をもっていることがわかると議論する。

これに対して善隣友好主義は、一衣帯水の近隣と友好を保持できなくては足元が不安定化してしまう、それは日本の国益にかなうことはではない、友好といっても呑まれることではなく適切な距離・相互利益・礼節をもって地域的安定と繁栄を図る以外にないとする。むしろ地域的にはグローバリゼーションの浸透が最も深くなっている地域のひとつでもあり、東アジア、東南アジア、南アジア、そして中央アジアの全域を安定と繁栄の基礎とすることを日本の国益伸長のためのひとつの大きな路線とすべきであるとする。第二次世界大戦の歴史的位置づけは何を置いても反植民地主義であり、反ファシズムでなければならない。この点、議論の余地は多々あるとはいえ、日本が植民地主義、ファシズムであったとの国際的世論は今でも実質的には弱体化しておらず、しかも日本は最も粘り強い敗戦国であったことは否定できない。植民地主義と侵略の対象地域であったところと善隣友好を保持できなくては、日本は存立基盤を危うくするものといわなければならないと議論する。その一例は、日本が国連安全保障理事会常任理事国に立候補したときに、東アジアと東南アジアでは一二カ国中一カ国も日本に投票しようとしなかったことにみられる。日頃から反日風を吹かせていた韓国と中国は別にしても、ＡＳＥＡＮ一〇カ国のすべてが賛成しなかったことを重くみるべきであると議論する。最後近くまでベトナムとシンガポールは賛成しかかっていたが、最後は崩された。あれだけの戦争賠償金や政府開発援助（ＯＤＡ）やその他の財政的技術的協力は何だったのだろうか。日本がアジアを軽んじていたことを、これら諸国が認識しているからではないか。中国が強引に軍事力の脅威と経済力の魅力で近隣諸国を引き寄せたから、それら諸国が日本に投票しなかったと考えるだけでよいのだろうかというような議論になる。中国と東南アジア諸国の自由貿易協定（ＦＴＡ）の中身についても、中国の賃金の高騰や人民元の実質的な切り上げの見通しからＡＳＥＡＮ経済が中国経済と競合する場面が急速に増えてきていることからみても、中国は経済の魅力だけでＡＳＥＡＮを引き寄せているわけではない。むしろ日本のＡＳＥＡＮとの包括的経済合意提案が魅力的で現実的なものを含んでいるのではないかというような議論にもなる。

以上のように、日本外交路線となると、中江兆民『三酔人経綸問答』の南海先生、豪傑君、洋学紳士の問答を想起させるような議論が錯綜して展開されるわけである。日米同盟について、日本政府の立場は徹底堅持に近いようでいて、実は原則堅持になっている。そうであればこそ、イラク戦争派遣部隊は戦闘のないところに派遣されたのであり、反テロ立法の中身は米英の反テロ法の強烈な自由拘束の条項を含まないのである。自由民主党が二〇〇五年に発表した新憲法草案においても、平和主義は堅固に保持し、現実追認条項として、「戦力はこれを保持せず」ではなく、「自衛隊を保持する」というのであるから、保守的現状維持的であり、日米同盟徹底堅持ではない。いうまでもなく、柔軟な解釈で、現在考えているような徹底堅持のラインを越えるようなことになることは想定内である。

市場原理主義対選択的段階的適応のうち、日本政府はどちらに近いかといえば、明々白々に後者である。郵政民営化法案は劇的な討論と選挙を経て立法されたが、市場自由化の様式や速度はすべてこれからの話であるといっても過言ではない。どのような起業家精神的要素を新しい会社に埋め込むかについてはかなりの程度まで企図するだろうが、どこまで国営的郵便サービスから抜け出せるか、海外郵便サービスをどこまで実施し、他社と競争的に運営できるのか、簡易保険は政府規制なしに外国資本の保険会社とどこまで競争的に運営できるのか、郵便貯金は政府規制なしに外国銀行や証券や債券とどこまで競争的でありつづけられるか等々は、白紙といっても過言ではない。当初の鮮烈な印象とは異なり、新しい立法が制度として具体化しはじめた時の印象では、かなり保守的な経営方針になるようである。

唯米主義対善隣友好主義については、日本政府の立場はどちらかというと前者を前提とした上で、後者に近づいているというのが真実に近いだろう。CNNやBBCの世界世論調査をみても、本書の著者の率いるアジア・バロメーターというアジア地域世論調査をみても、日本は韓国や中国を除けば、世界中からその友好や影響力が好意的に認知されている。それが何よりの証拠である。しかし、韓国や中国が反日で固まっているわけでないにしても、反日の隣人に囲まれたようでは、将棋の駒が相手の歩で動きを封じられたようなものである。これをどのように突破するか。唯米主義で突破しようとしつつも、実務的案件の積み重ねと象徴的な共同作業を適宜入れ込むような突破の仕方を企図していると思われる。

唯米主義による突破は、米国からの案件が実務的にも象徴的にも容易では決してないようなものである可能性が非常に強いために、難航することが予想されるからである。核兵器でも石油・核エネルギーでも、はたまた人権でも、日本にとっては難題である。日本外交路線の歴史的位置づけの問題は、どのようなものを想定するかによって大きく政策方向が変わるといえる。

第Ⅲ部　日本の国際関係論の系譜

第6章

日本の国際関係論の系譜——日本独自の国際関係理論は存在するのか?

日本における国際関係論はどこまで独創的であったか? 文明開化を標語にした日本の近代化は西洋の学問吸収について熱心であり、日清戦争、日露戦争、義和団事変、そして第一次世界大戦を通して欧米文明のあかしとして国際法遵守に固執した日本があった。さらに大陸進出とともに国際法を歴史研究、植民地研究、そして地域研究と接合させ、国際関係論の両輪とした。国家学の一翼を占めた戦前から、武力不行使の平和憲法と米国依存の安保条約という結合しにくい二つの原理を結合させた戦後の構図への変化のなかで、日本の国際関係論はどのように発展したのか?

1――日本独自の国際関係理論は存在するのか?

国際関係論はすぐれて欧米とりわけ英米のものであった。日本はどこまで「非西洋」の一員として、それ自身の国際関係論を主張できるのか、というのが本章の問いかけである。

本章で取り上げる問題のキーワードは、「理論」と「非西洋」である。問題そのものに取り組む前に、これらのキーワードの定義づけをしなければならない。それらを定義しなければ、問題に対する筆者の答えがイエスとノーのどちらにでもなる可能性がある。「理論」とは、広義には命題、パラダイム、物の見方、イズム（主義）の混合物のことである。筆者が言う「命題」とは、経験的に検証できる一連の仮説や命題のことである。筆者が言う「パラダイム」とは、研究のために一連の重要な問いかけをする自己完結型の研究プログラムのことである。筆者が言う「物の見方」とは、関係する現象に目を向ける際に拠って立つところの見地のことである。筆者が言う「イズム」とは、世界全体を見るときに使用されるべき政治的、宗教的、イデオロギー的なレンズのことである。筆者が言う「非西洋」とは、一九世紀および二〇世紀前半の近代性によって重大な影響を受けていない地域のことである。筆者が言う「近代性」とは、世俗主義と合理主義、およびそれらと結びつく個人主義と産業主義の組み合わせのことである。

ごく簡単な形ではあるが、筆者がこの課題に取り組むのは、米国で用いられる国際関係理論が、上記のもの、すなわち、命題、パラダイム、物の見方、イズムのほとんどすべてを網羅しているからである。したがって、イデオロギー的信念や宗教的信条にほぼ等しいいくつかの矛盾するパラダイムを検証するために、きわめて厳格に運用される実証的テストがしばしば実施される。この種の課題を策定するのはやさしいけれども、厳しい環境においてこちらの気を引くために出されるコーヒーを飲むのと同様に、実際にやるとなると難しい。また、筆者がこの課題に取り組むのは、グローバリゼーションの時代を迎え、問題に付随する地理的文化的必要条件を無条件に受け入れるのが少々難しいからでもある。ジェームズ・ローズナウが適切に形容しているように、今の時代は断片化の時代である（Rosenau 2003）。分裂と統合の両方が、同時かつ偏在的に生起する。それは、地理的文化的実在物がしっかりと、単独で立っており、互いにぶつかり合うという意味での、サミュエル・ハンティントンの世界（Huntington 1996）ではない。すべての社会がばらばらになり、社会のすべての構成要素が地球規模で再統合されている。それは、フラットな世界である。西洋は、その文化的浸透において遍在する。文化の融合も同様である。それゆえ、筆者は、多少の留保と躊躇をもって、日本独自の国際関係理論は存在するのか、と問いかける。

筆者が本章で取り組む課題は、以下のように表される。日本には独自の国際関係理論が存在するのか。この問いに対する筆者の答えは、日本の国際関係理論が、実証主義理論の場合には「雁行型」地域統合論のような中範囲理論型であり、規範理論の場合にはプロト構成主義（萌芽的な構成主義）的アイデンティティ形成論のように哲学的思索型であり、安全保障コミュニティ形成論の場合には超国家主権の至上命令的であるという意味で、条件付きのイエスである。筆者の答えが条件付きのイエスであるという事実は、日本が過去に地域覇権国たりえなかったこと、ならびに現在の日本が世界第二位の経済大国であることと関係している。大国は、しばしば国際関係理論を生み出す。しかし、日本は、この点においてやや曖昧な立場を占めている。過去において、日本は、地域の挑戦者として一敗地にまみれた。現在、日本は、唯一の超大国（米国）によって運営されるグローバル・ガバナンス・システムに広く組み込まれている。そのうえ、実証主義的な仮説検証の伝統が比較的弱く、詳細記述の伝統が比較的強いため、実証的テストに基づく重要理論の誕生が阻まれる傾向があった。

本章のこの後に続く部分は、三つのセクションで構成される。最初に、一八六八〜二〇〇七年の日本における国際関係研究の発展の概略を記す。主な知的潮流は、国家学、マルクス主義、歴史主義、実証主義の四つで、いずれも特色あるものだった。筆者が言う国家学とは、国家中心の観点から国を支配する方法を研究する学問のことである。東京帝国大学の小野塚喜平次による本邦初の政治学のテキスト（『政治学大綱』一九〇三年）の中にその影響を認めることができる。筆者が言う歴史主義とは、あらゆるものは検証可能な文書と資料に基づいて歴史的に研究されなければならないとする方法論のことである。広くこの伝統を受け継いでいるベストセラーのひとつが、徳富蘇峰の『近世日本国民史』（一九一八〜一九五二年）である。筆者が言うマルクス主義とは、生産力と生産関係、ならびにその政治的現れについての弁証法に焦点を合わせて現象に目を向け、調査する政治的・知的な原理のことである。この伝統を受け継ぐ最も有名な著作のひとつは、遠山茂樹が書いた『明治維新』（一九五一年）である。筆者が言う実証主義とは、あらゆるものは経験的に調査され、検証されなければならないとする原理のことである。この伝統を受け継ぐベストセラーのひとつは、皮肉にも福沢諭吉の『学問のすすめ』（一八七二～一八七六年）である。日本では、第二次世界大戦後、国際関係論が発展を遂げたにもかかわらず、米国式の実証主義が日本の国際関係論の土壌に積極的に、あるいはもっと正確に言えば、過剰に移植されることはなかった。そのことを明らかにするうえで、このセクションの必要度は高い。

二番目に、一九四五年以前の時代に活躍した三名の学者、すなわち西田幾多郎、田畑茂二郎、平野義太郎に焦点を合わせて、日本では戦前に国際関係論の理論的発展の萌芽が見られたと主張する。戦争と抑圧という環境的制約があったにもかかわらず、彼らは、（広い意味で）きわめて堅固な理論を明示したと思う。

三番目に、日本の国際関係論アカデミーの先行する経験的観察を踏まえて、そして、その研究手法と方向づけ、ならびに西田、田畑、平野の三つの特色ある理論的著作に注目したうえで、筆者は、①日本的特徴を持つ構成主義者、②フーゴ・グロティウス的国家主権論よりサムエル・フォン・プーフェンドルフ的人民主権論を重視する規範的国際法の理論家、さらには、③社会民主主義的な国際主義者と正統にみなしうる、先進的で精力的な理論家が存在したと主張する。国際関係に対する米国式の実証主義的アプローチは、日本の国際関係論コミュニティの規模が示唆するほど発達していないとの所見は、それがそのまま機械的に、日本の国際関係理論なるものが存在しないことを示唆するわけではない。それどころか、両大戦間の時代や戦時中でさえ、おそらく一九四五年以降の日本の国際関係研究の重要な基盤を構成したと思われる理論的発展が見られた。

2―日本における国際関係論の発展

他の専門分野と同様に、日本の国際関係論の分野も社会科学の主な潮流に大きく影響されてきた。それらは以下のように説明することができるかもしれない。**国家学**の伝統を受け継ぐ第一の潮流は、戦前の軍事と植民地に関する研究に多大な影響を及ぼし、一九四五年以降も姿を変えて引き続き優勢を保った。この伝統の特徴は、中味の濃い詳細な説明に重点を置き、あらゆる種類の複雑さを解明するところにある。歴史的・制度的背景を十分に伝えることと、どのような状況でどのような出来事が起き、どのような人物がどのような行動をとり、どういった結果が生じたかを詳細に説明することが最優先された。こうしたアプローチは、日本の外交関係に影響を及ぼす可能性のある国際的な変化のトレンドを分析する際に重視された。一九四五年以降でさえ、地域研究の大半は、国家学の伝統を踏襲し続けた（とりわけ、政府系シンクタンクによって地域研究が行われる場合には）。政府後援の研究においてこうした伝統が顕著に現れていたのとは際立って対照的に、学究的世界で行われる地域研究のほとんどは、社会科学的であるとか、政府の政策に役立つというよりも、むしろ若干過剰なほど人文主義的であった。このことは、優勢な国家学の伝統に対する研究者の反応をいくぶん反映している。こうした強力な国家学の伝統がもたらす必然的帰結のひとつは、政治学や社会学ではなく、法学と経済学が重視されることである。法学部や経済学部はあるのに、政治学や社会学の学部はほとんどない。政治学や社会学がそれぞれ法学部や文学部の添え物である可能性が最も高いという状況が一世紀以上続いている。二一世紀の初めにおいてさえ、日本は、アジアの中で独立した政治学部を持たない数少ない国のひとつなのである。

二番目の伝統は、一九二〇年代から一九六〇年代まで隆盛を誇った**マルクス主義**である。この伝統は、抵抗の科学としての社会科学という概念と結びついている。あたかも国家学の伝統に対抗するかのように、精力的に活動するマルクス学派の存在が一九二〇年代から一九六〇年代まではっきりと認められた。政治分析のマルクス主義的カテゴリーは、政治的出来事の観察に批判性を加え、また、オブザーバーのイデオロギー的偏向を認識させることになった。一九二〇年代に、社会科学という用語が初めて日本で使われるようになったとき、しばしばそれはマルクス主義を意味し、社会科学は事実上マルクス主義の同意語となった。一九三〇年代までに、日本の社会科学は文字どおりマルクス主義化された。一九二五年に治安維持法が制定されなかったならば、マルクス主義の影響はさらに広範囲に及んだものと思われるが、それでもなお、一九四五年以降、終戦直後から一九六〇年代まで、社会科学——経済学、政治学、社会学——は、マルクス主義者やマルクス主義を研究する学者によって主導されることが多かった。国際関係論も例外ではなかった。マルクス主義はたいへん影響力が強く、広く行き渡っていたため、その他多くの社会科学理論、とりわけ非マルクス主義の理論は文字どおり締め出された。マルクス主義の枠組みの中で、「非逆第二イメージ論」（ある種の国内政治体制は対外戦争を引き起こしやすい）や「覇権不安定論」（覇権国は世界を不安定化する）といった国際関係理論が提唱された。ケネス・ウォルツ

(Waltz 1959) は戦争の原因として、(1)個人の心の状態、(2)国内政治経済体制の性格、そして(3)国家間関係の問題をあげたが、第二の因果関係を逆にし、戦争が国内社会を変革していくことをピーター・ギュレビッチは強調した (Gourevitch 1978)。しかし、マルクス主義者は、因果関係を逆にしない方が戦争の本質をよく説明すると主張した。ロバート・ギルピン (Gilpin 1981) は最強国が世界の安定を可能にするといったのに対し、マルクス主義者は覇権国家が世界不安定化の原因であるとした。国家学の伝統が強かったことと、一九五〇年代半ば以降、半世紀近くにわたって一党支配がほとんど切れ目なく続いてきたことを考慮すれば、学者とジャーナリストの双方が、政府の行動に批判的なある種の対抗勢力を形成するのが当然であるか、もしくは望ましいと考えられた。冷戦終結後、ほとんどのマルクス主義者がポスト・マルクス主義者となったが、多くは政府の政策に対する批判的な見方をそのまま持ち続けた。一部は、冷戦後および九・一一以後の時代に、ポストモダニスト、急進的フェミニスト、非共産主義の立場を取る急進論者に変身した。だが、日本の学者は、一九七〇年代までに事実上脱マルクス化されたと言って差し支えない。

第三の伝統は、**歴史主義**の伝統である。この潮流は非常に強く、結果的に国際関係の学問研究の大半が歴史研究に類似し、それゆえ、国際関係論は、社会科学というよりも、むしろ人文科学の一部門となっている。国家学の伝統とは対照的に、歴史主義者は政策の妥当性にはたいした関心を払わず、一九四五年以前の出来事と人物をテーマとして扱う傾向がある。国際関係論の多くを導きがちな精神は、「事実にあるがまま主張させよ」というランケ的な歴史概念と似ていることが多い。同時にこの伝統は、その主目的が個人および国家の心情と衝動、熱意と情熱、記憶と心理史を徹底的に調べることだという意味で、一部の歴史学者を擬似構成主義の方向に向かわせる。米国人が構成主義を「発明」する以前から、国際関係を研究する日本の多くの歴史学者たちは、構成主義を実践してきたと感じている。ここで構成主義とは歴史の登場人物がどのようにその過去を記憶し、それに基づいて現実の世界を構築するかが最も注意すべきところであるとするものである。

戦後の国際関係論の四番目の潮流は、最近導入された米国の政治学の視点と方法論によって導かれている。戦前は、マックス・ウェーバー、エミール・デュルケーム、レオン・ワルラスの著作を通じて欧州の社会科学の思想を吸収することが、社会科学において強かったマルクス主義の影響力への対抗手段となっていた。一九四五年以降は、米国の社会科学が同様の役割を果たした。米国式の国際関係論には多くの構成要素があるが、そのうち二つ、すなわち理論形成を好むことと、精力的な実証的テストを好むことが最も有力である。この知的伝統が一九七〇年代から二〇〇〇年代にかけていっそう強まった。

日本の国際関係研究には今なおこれら四つの異なる潮流がはっきり認められ、統合に向けた努力が盛んに行われることはなく、それらがかなり友好的に共存している点を注記しておくことが重要である。年次総会の会議の組み立てや機関誌のページ配分といった学会関連の作業のほとんどは、四つのブロック、すなわち歴史、地域研究、理論、重要イシューからおおむね平等に選ばれた代表によって決定される。分野統合なき多様性――組織の統合がなされないわけではないにしても――が日本の学界の特徴のひとつとなっているのは、ひとつには、国づくり、経済発展、戦争、その後の平和という一世紀半の経験から生まれた社会科学の四大伝統がそれぞれ強く残っているからである。

日本の国際関係論コミュニティに組み込まれている四つの伝統が非常に根強いため、より大地の子的な日本の研究者の一部にとっては、米国の影響をもっとはるかに強く受けている（おそらく新植民地主義的な）東アジア（韓国、台湾、中国）の隣人と討論することが難しい場合がある（本書第7章を参照）。しかし、日本の研究者を周囲の世界から隔絶しがちな学界から解放しようとする様々な努力が、彼らの長期にわたる学問的業績の蓄積を踏まえて進められてきた。こうした試みのうち最も精力的に行われているのが、新たな英文学術誌、*International Relations of the Asia-Pacific*（オックスフォード大学出版局より年三回刊行）の刊行である。創刊時からかかわった編集者は、本書の著者である。原稿で取り上げられるテーマの専門性に応じて、世界各地の専門家にレフェリー役が割り当てられる。レフェリーのおおむね五〇パーセントが北米出身者であり、約三〇パーセントが日本とオーストラリアを含むアジアの出身者である。投稿者もほぼ同様な地理的分布を示している。この学術誌の刊行により、日本の国際関係論コミュニティが、思想と見識の地球規模の創出と伝達に以前よりはるかに熱い関心を寄せる実体へと、少しずつではあるが根本的に変わってきたことは注目に値する。日本の研究者による英語での著作発表は着実に増えてきた。二〇〇〇人あまりの日本国際政治学会会員のうち、英文の自著を刊行したことがある会員は約一〇〇人、英文で執筆した論文を発表したことがある会員は三〇〇人以上いる。米国で博士号を取得した研究者の数は、たとえば、韓国（韓国国際政治学会では、会員の約六〇パーセントが米国で博士号を取得）など、東アジアの隣人と比べて非常に少なく、日本国際政治学会の全会員の約三パーセントしかいない。それにもかかわらず、グローバル・コミュニティへの進出を図る彼らの努力は賞賛に値する。それと並行して、グローバルな国際関係論コミュニティの日本の国際関係論コミュニティに対する認識がゆっくりと変化しつつあるようだ。もっとも、*International Relations of the Asia-Pacific* が、あとどのくらいで国際関係論の新たな学派に議論の場を提供するようになるかを予測するとしたら、創刊後五年では短すぎると思われる。

3—戦後日本の国際関係論の枠組みを決定した重要な問い

日本における国際関係研究の中身をより詳しく見るために、ここで、この分野の知的アジェンダを促進してきた、枠組み作りのための重要な問いの観点から、過去半世紀余りにわたる日本の国際関係論の発展に目を向けることにする。最初に、日本では米国で行われたような四大論争（後述）が再現されなかった点を注記しておくことがたいへん重要である。日本の国際関係研究者たちは、東アジアの隣人たちよりも、自らの歴史的土壌にはるかに深く根を下ろしてきた。そのうえ、前述した四つの伝統と、それらが日本の国際関係論に及ぼす影響は、多かれ少なかれ相互に細分化されており、自立的であった。しかし、問題は、米国の国際関係理論を日本化することではなく、その一部を歴史化し、日本の文脈に当てはめることであり、歴史的・文化的な複雑さに対してもっとはるかに敏感に反応する見識や命題を生み出すことだった。日本では、経済学や社会学といった他の社会科学分野の研究が、第二次世界大戦のかなり前から行われていたが、国際関係論は比較的新しい分野で、多くの国や地域においてと同様に、戦後になって初めて導入された。一九四五年以降の国際関係論という研究分野の発展において見出される三つの重要な問いは、以下のとおりである。

(1)　日本の国際関係のどこがまずかったのか。

(2)　どのような国際的取り決めが最も効果的に平和を保障するのか。

(3)　日本外交に遺憾な点がこれほど多いのはなぜか。

これら三つの問いはどれも、相互に関連しているが、時の経過とともに、(1)から(2)を経て、(3)へという変化が起きたと注記しておくことがたいへん重要である。一番目の問いは、日本の国際関係が戦争とそれに続く敗戦、さらには、国家の占領という事態を招いた時代にまで遡るわけだが、今なお、国際関係研究における枠組みを決定する重要な問いのひとつである。それは、日本の国際関係研究者を歴史――外交史ならびに、経済学、社会学、政治学という関連分野における日本近代史のその他の領域――の研究に向かわせた。すべての問いがこの重要な問いから生じたかのようだ。経済学の視点は、その歪曲が日本を長期にわたる誤った戦争へと駆り立てたと言われる日本経済の生産能力と生産関係に焦点を合わせる。社会学の視点は、戦争を支え、維持するためにやがて国家によって操作され、動員されたとされる封建的社会関係ならびに国家主導の社会的動員の研究に焦点を合わせる。政治学は、痛ましいほど不十分だったと言われる民主的な取り決めと機関――帝国議会，政党，官僚機構，選挙制度，軍隊――の研究に時間を費やした。二〇世紀の第三・四半世紀の最も重要な戦後研究のほとんどは，第一の重要な問いを中心に展開された。丸山真男は，『現代政治の思想と行動』（一九五六～一九五七年）という著書の中でこの問題を取り上げた第一人者である。二〇世紀後半の日本の社会科学コミュニティで，枠組みを決定する重要な問いをひとつだけ選ばなければならないとしたら，誰もが「何が間違っていたのか」を選ぶ。この意味で，しばしば繰り返される「過去を忘れるな」という一斉にわき上がる声とは無関係に，日本の社会科学コミュニティは，第二次世界大戦が落とす長い影に隠れて生きてきたのである。

国際関係の研究において，研究者たちを引きつけた枠組み作りのための重要な問いは，海外の強国との外交上の相互作用であった。当時新たに立ち上げられた日本国際政治学会は，一九五〇年代と一九六〇年代にこの分野で活躍していたほとんどすべての学者と外交史家を動員して，『太平洋戦争への道』（一九六二～一九六三年）という八巻よりなる著作を編纂した。同学会が採用したアプローチは，分析的とか理論的というよりも，むしろ圧倒的に記述的で，他の研究分野の学会が同様の問題を取り上げようとする際に導入した，マルクス主義と人文主義がない交ぜになった興味深いアプローチとは際立って対照的であった。

太平洋戦争に関するこの画期的研究は，何がまずかったのかという重要な問いかけをするとともに，日本の対外関係の外交的・政治的力学のたいへん興味深い詳細をたどり，検証する作業に多くの章を費やしている。この著作は，主として，公開された外務省公文書の研究に基づいているので，新たに明かされた戦争の詳細な原因の記述が満載されている。ほとんどのアクターが自分の持ち場で任務を正しく遂行した様子が描かれている。問題は、彼らの忠実さと勤勉さが、全体としては、世界のそのほかの国々との戦争を回避するのにまったく役に立たなかったことだ。それどころか、個々のアクターの忠実さと勤勉さが途方もない規模の集団的大惨事を招いた。日本国際政治学会の歴代理事長には、この大掛かりな研究に関与しただけではなく、編纂作業が終わって書籍が刊行されたあとも引き続きこの分野のリーダーであった人たちが多数含まれている。その意味でも、枠組み作りの鍵となる問いは、この研究分野全体に非常に強い影響を及ぼした。過去半世紀にわたり、外交史は日本国際政治学会において強いプレゼンスを示していた。

太平洋戦争に関する日本国際政治学会のプロジェクトと併行して、新聞・雑誌が国際関係論の学問的アジェンダの枠組み作りに重要な役割を果たした。報道機関にとって、枠組み作りの鍵となる問いは、二番目のもの、すなわち、平和を保障するための取り決めとして最もよいものは何か、であった。連合国との講和をテーマとする議論が展開された。サンフランシスコ講和条約は調印されるべきなのだろうか。冷戦という状況の中で、どうするのが正しい選択なのか。西側諸国との部分講和か、それともすべての連合国を含む全面講和か。政治哲学者の南原繁東京大学総長は後者の立場を取り、全面講和論を唱えた。

前者の立場は現実主義と呼ばれ、後者は理想主義と呼ばれた。一九六〇年代と一九七〇年代には、現実主義か理想主義かをめぐる大論争が展開された。一見、それは米国で起きた理想主義と現実主義をめぐる最初の大論争と似ていた。しかし、米国の場合と違って、日本では、理想主義に対する現実主義の勝利がやや不完全だった（補足すると、伝統主義と行動科学学派の間の二番目の大論争も行われなかった。日本の国際関係論コミュニティでは、行動科学革命は起きなかった。新現実主義と新自由主義の間の三番目の大論争も、日本では行われなかった。合理主義と構成主義の間の四番目の大論争も行われていない。日本の多くの研究者は、どちらかと言うと、米国人が構成主義を説く前から、長きにわたって構成主義を実践してきたと感じている。ただし、彼らは米国人ほどはっきりと発言しないし、方法論に関してもさほど洗練されていない）。最も広く読まれている新聞や大衆雑誌でこの論争が非常に大きく取り上げられたため、議論の主戦場は学究的世界ではなく、ジャーナリズムの世界となり、ジャーナリスティックな議論に関与した個人の名前がこの分野で最もよく知られるようになった。

議論そのものには何らまずいところはない。メディアで正々堂々と意見を述べる有識者たちは、過去六〇年間を通じてきわめて重要な役割を果たしてきた。問題は、国際関係論コミュニティの専門家たちがその学問研究において他の社会科学分野を専門とする同僚ほど厳密ではなくなってしまったことだ。枠組み作りの鍵となる二番目の問いは、基本的には政策に関する問いだったが、日本の社会がどう組織されるかを考えれば、学究的世界のメンバーが政策の専門家としてのキャリアを積んだり、政策がらみの問題に精通したり、政策立案サークルに有力なコネを持ったりできる可能性はほとんどない。部門間の労働移動が非常に限られているため、政策をめぐるジャーナリスティックな議論に積極的に参加している研究者でさえ、自分のキャリアの一部として政策立案サークルに積極的に関与することは現実には望めない。したがって、政策論争のように見えたものは、実際にはその大部分が幻想にすぎなかった。結局のところ、「ジャーナリスト学者」が学究的世界の内部で特別な種《しゅ》を構成するようになった。日本の状況は、過去半世紀にわたって専門化が大いに進行し、自立した駆動力をもつダイナミズムによって地位を確立した米国の国際関係論とは著しい相違を示している。

枠組み作りの鍵となる三番目の問いは、もっと最近のものである。それは、ある意味で二番目の問いに似ているけれども、何が実行されるべきかについての理論的調査ではなく、実証的調査へとつながった。この意味で、枠組み作りの鍵となる三番目の問いは、研究者たちに、精細なものであることの多い実証的研究を行うよう促した。こうした傾向は、一九八〇年代と一九九〇年代に顕著になった。草野厚は、農業市場の自由化と大規模小売店舗の出店規制の緩和をめぐる日米の政策論争をテーマとする著作を、入念なリサーチに基づいて執筆し、刊行した（草野 一九八三）。草野は、それ以後、テレビ番組で、政策と政治についてかなり積極的に論評している。田所昌幸も、米ドルと日本円の国際的な政治経済学に関する、よく概念化された著作を刊行した（田所 二〇〇一）。田所は、自身が編集委員を務める月刊誌 *The Japan Journal* に政策コラムを定期的に寄稿するなど、かなり積極的に活動している。しかし、米国における実証的研究とは違って、日本の実証的研究では、大げさで、ときにはほとんど杓子《しゃくし》定規になることもある理論的枠組みの中で調査を行わなければならないとは必ずしも感じられていない。日本国際政治学会の会員数の増加に伴い、国際関係研究者の間での競争が若干激化した。二〇〇七年一月の時点で、会員数は二二〇〇名あまりである。

上記の記述は、日本社会の発展が国際関係論という学問分野に直接的な影響を及ぼしたとの印象を与えるかもしれない。外交史、疑似政策論争、実証的分析は、戦後の日本が発展を遂げていった各時代においてこの順序で優勢となった、顕著ではあるが移ろいやすい研究ジャンルとして描かれる。一九四〇年代から二〇〇〇年代にかけて、枠組み作りの鍵となる問いが変わるにつれて、日本の対外関係の様々な側面についての実証的分析が有力な研究ジャンルとなった。

ここで当然行うべき問いかけは、日本の四つの伝統の間で活発な論議が行われてきたかどうかである。一九四五年以降、長年にわたって、最初の二つの伝統、すなわち国家学とマルクス主義の影響力は徐々に弱まりつつあるようだ。その代わり、あとの二つ、すなわち、歴史志向の研究と米国の社会科学の影響を受けた研究は、ずっと隆盛を極めていた。しかし、多年にわたりこれら四つの伝統が基本的に根強かったことが、教員の任用と予算編成の点で――そして、学問の一分野という点でも――自立した政治学部と国際関係学部が大学に設置されていないことと大いに関係している。補足すると、制度化された政治学部がないことは、一九世紀に法律教育を通じてエリート官僚候補を養成する制度が設けられたことと、「政治学」教育を受けた若手エリートが職に就けなければ、「体制」の転覆を企てかねないとして、そうしたエリートの大量養成が不安視されたことと大いに関係がある。したがって、これら四つの伝統の盛衰は、それらの間での活発な論議よりも、むしろ日本社会の発展、すなわち、急速な工業化、高所得社会の実現、国家の影響力の相対的低下と大いに関係している。(1)二〇世紀の第三・四半世紀の「理想主義」は、ベトナム戦争後の時代に「現実主義」に取って代わられる運命にあった。(2)二〇世紀の第四・四半世紀の「現実主義」は、構成主義、制度主義、フェミニズムなど、盛んになった他の思潮によって取って代わられる運命にあった。筆者が言う理想主義とは、憲法第九条に従って平和主義を重視するとともに、日米安全保障条約に基づいて日本に割り当てられる役割を軽視する傾向のことである。筆者が言う現実主義とは、米国との同盟を最優先するとともに、憲法草案によって想定されていた役割を軽視する傾向のことである。

以上、簡単にではあるが、両大戦間、戦時中、戦後（そして、その中で、ベトナム戦争後、冷戦後、九・一一後）の時代における日本の国際関係論を検証したので、今度は、日本の国際関係の理論化に積極的に関与した学者に注目してみたい。

4―日本の国際関係理論の先駆者としての三名の理論家

民主主義が深化する一方で、ファシズムが台頭した一九三〇年代に、理論的発展の萌芽が見られたことを例証するために、次の三名の思想家を取り上げることにする。彼らは、それぞれ哲学、国際法、経済学の分野で、当時最も著名な学者の一人に数えられていた。また彼らは、第二次世界大戦後の日本の国際関係をめぐる思考ならびに実践とも共鳴する考えを精力的に発表した。

1　本質的構成主義者としての西田幾多郎

アイデンティティは、国際関係研究における重要な概念のひとつである。だが、この重要な概念を、「アングロサクソン系米国人の実証主義的手法のみで十分に理解」することは容易ではない。西田は、日本が東と西の間でどっちつかずの状態にあったときに、国際関係における日本人のアイデンティティという厄介な問題を解決しようとした。問題は、「規範的劣等感と認識されるものが、自らを知的、文化的、道徳的によりすぐれているとみなす西洋文明によって引き起こされる」環境において、いかにして日本人の歴史意識を復活させるかである。アイデンティティについての彼の考え方の要点をまとめると、次のようになる。

彼は、デカルト的論理を拒絶し、弁証法を取り入れる。だが、彼の弁証法は、よりヘーゲル的である。彼の弁証法においては、テーゼ（命題）とアンチテーゼ（反命題）がジンテーゼ（総合命題）を形成することなく共存する。矛盾が具体的な形で現れる。矛盾は、本質的な自己矛盾のない新たなジンテーゼの方向へは必ずしも向かわない。「むしろ、それは、脱文脈化された物事を拒絶する――物事を適切な文脈で見ようとする」。彼は、東洋と西洋という正反対のものの共存を通じて日本人のアイデンティティが現れると主張した。次に、彼自身の言葉を引用する。

「簡単に言えば、もしも実在するあらゆる事物が具体的で、確定しているとしたら、それはより大きな現実が具体化することの現れだからであり、このより大きな現実が普遍的だからである。個人のアイデンティティ、その自決は、同時に、個人を通じた普遍的決定そのものについての自己認識の発現である」。

西田哲学に関して特筆すべきは、彼が日本人のアイデンティティ構造を、偏狭なものではなく、普遍的に理解されるものにしようと構想している点である。西田の方向性は、日本文化は独特かつ例外的で、それゆえ偏狭であると主張する一九八〇年代と一九九〇年代の日本人論関連の著作とは質的に異なっている。次に、彼自身の言葉を引用する。

「日本人の特殊性は、地域的価値しか持たない――その核心が抽出され、世界的視野を持つ何かに変えられるとき、それは高められる」。

米国の構成主義者の多くは、合理主義の語彙《ごい》の中を泳ぐ。しかし、西田は、無の哲学の中で暮らす。この分野の日本の理論はきわめて深遠だというのが、筆者の主張である。西田の本質的構成主義は、ラルフ・ペットマン（Pettman 2004）、クリストファー・ゴトウ＝ジョーンズ（Goto-Jones 2005）らの明快な解説の登場により、あらゆる種類の読者にとってはっきり理解できるものとなった。

2　個人の自然的自由を前提とする国際法理論家としての田畑茂二郎

国家主権は、国際関係研究の重要な概念のひとつである。国際法、国家主権、民主主義の長い伝統に精通していた田畑は、民主的で、反西洋的、反覇権主義的な国際法の出現を強く予感させる国際法理論を提唱した。

国家主権をどう扱うべきかは、国際法における重要な問題である。田畑は、一九四五年より前に執筆したものの、書籍としての刊行はその後となった著作において国家の平等性について論じるなかで、国家の平等性という概念は、個人の自然的自由の認定と自然法から生起する義務の双方を前提とすると力説している。田畑は、グロティウスによって構築された国家主権論ではなく、エメリヒ・ド・バッテルとプーフェンドルフによって構築された人民主権論の立場をとる。両大戦間の時代には、グロティウス的国家主権論のほうが普遍的立場として、より広く、積極的に受け入れられていた。しかし、グロティウス的国家主権論は、彼が活躍した近代初期に存在し、国際社会における相互の絶え間ない闘争の中での自己保存というホッブス的概念を前提とするものを受け入れがちである。対照的に、プーフェンドルフは、「他者を傷つけるべからず」といった規範的義務が広く行き渡る国家の平等性を心に描くことができるのは、それが個人の平等性に基づく場合に限られるとの主張を展開した。

田畑の理論が一九四四年と一九五〇年の二度にわたって戦争期間をまたいで発表されたことは印象的である。一九四四年に、彼は、大東亜共栄圏構想の下で国家の平等性が否定されることに反対するとともに、同構想の下で国家の平等を実現し、アジアにある西洋諸国の植民地の独立を即座に認めることに賛成する意見を述べた。日本が連合国の占領下にあった一九五〇年には、彼は、連合国のうち非共産主義諸国とのみ講和条約を締結することに反対した。彼は、連合国の一部と講和条約を結ぶことは、国家の平等性という概念を否定するも同然だと主張した。主権の担い手は国民であり、政府が締結を申し入れた講和条約を結ぶに当たっては、民主主義の原則が守られるべきである。世論がそれに反対していることはおそらく間違いなかったので、田畑は、世論に乗っていたのである。田畑は、国家の平等性に基づく国家主権の超越に賛成するとともに、国民主権が平和をもたらすだろうと考えていた。

彼が世界について論じるときに国家の平等性とその大衆民主主義的基盤にこだわった一貫性と誠実さには感銘を受ける。彼は、そうすることによって、両大戦間の時代に一般的だった報復に反対するとともに、終戦直後の覇権主義的単独行動主義にも反対した。現在までに、日本は、多くの政策領域でグローバル・ガバナンスにおけるルール・テーカーの役割を放棄して、主要なルール・メーカーのひとつとなった。この領域でも、日本の国際関係は、近い将来に成長する可能性がより高いニッチ分野の基盤を築いた。いくつか例を挙げると、二〇〇〇年代の初めに、日本の国際法学者は、とりわけ人権の様々な概念、国際商取引のルール・規範作り、新多国間協調主義を通じて平和的に生成される核エネルギーの「特別引出権」の枠組み策定に関する「文際的法律」（文明を横断する法律）を理論化するのに忙しかった。

3　国家主権より地域統合を高く評価する経済学者としての平野義太郎

地域経済統合は、国際関係研究の重要な概念のひとつだった。一八五六年から一九一一年までの長きにわたって関税自主権がなかったにもかかわらず、日本は世界経済においてさらに周縁化される運命を免れ、日本の多くの経済学者は、日本が財政的自立ならびに隣国との協力を通じてより強固な経済力を構築することを切望した。一九二四年に、平野は、共同体主義的な社会原則（社会主義）を構築することにより、近代性とその契約的な社会原則（資本主義）と置き換えることができると主張した。社会主義、共産主義、無政府主義は危険思想であるとの認識が広まると、平野は、社会主義と資本主義を意味するものとして共同体主義的な概念と契約的な概念の二つを用いた。平野は、日本資本主義論争で同じマルクス主義者の一派である労農派と対抗した講座派のリーダーで、明治維新は日本式の絶対君主制を象徴するものであり、革命家の仕事は、日本の資本主義的発展をさらに加速させることであり、それゆえ社会主義革命を促進することであると主張した。一九四四年に、彼は、帝国主義的な主権国家間の闘争が止み、彼が温めていた共同体主義の原則を守るという目標がようやく実現される可能性があると述べて、大東亜共栄圏構想に賛意を表明した。大東亜共栄圏は国家主権を超えた地域統合をすべきという考えだった。大東亜共栄圏構想を支持する立場へと劇的な変わり身を見せたわけだが、それが正真正銘の転向だったのか、偽装転向だったのかは、議論の余地がある問題である。その翌年、日本は戦争に負け、日本共産党は米軍を主体とする連合軍を解放軍として歓迎した。

一九四五年以前の日本の思想と一九四五年以後の日本の思想をもう少し連続的に見てみると、考え方の異なる非凡な思想家たちが大東亜共栄圏構想に自らの考えを注ぎ込むという目覚しい共同作業が行われたことが見えてくる。工学の学位を持つ若手官僚だった大来佐武郎と若手ジャーナリストだった尾崎秀実は、一九三九～一九四一年というきわめて重大な時期に首相の座にあった近衛文麿のためにともに力を尽くした。尾崎は、ソ連のスパイ、リヒャルト・ゾルゲの協力者として国家に対する反逆的行為を働いたことを理由に、絞首刑に処せられた。大来は、官僚として出世の階段を上り、オーストラリア国立大学のジョン・クロフォードとともに、地域統合構想とその実現のための政策を明示した。日本発の地域統合論である雁行型発展論は、もともと一九三〇年代と一九四〇年代の彼らの発想から生まれたものだ。この理論は一九七〇年代に再び脚光を浴びることになり、その根強さが証明された。

5―条件付きの答え

「日本独自の国際関係理論は存在するのか?」という問いに答えるために、我々は、日本の国際関係論の四つの主な潮流について考察し、次のようなことがわかった。(1)国家学者は、理論よりもむしろ政策に関心を持っていた。(2)歴史主義者が検証可能な資料に基づいて出来事や人物についての詳細かつ精確な説明をすることを望んだのは、ひとつには自分の原則に従ったのであり、ひとつには、一九四五年以前には自由が制限されていたせいで、自らの政治的立場を偽るためであり、ひとつには、プロト構成主義に従って、アクターの規範と論理を構築するためであった。(3)マルクス主義は、一九七〇年代まではきわめて理論的な分析を意味したが、その頃には、日本では学究も、それ以外の人たちも、おおむね非マルクス化された。(4)米国式実証主義は、日本の国際関係論コミュニティでは覇権を握らなかった。国際関係理論を、米国式の狭義の実証主義的国際関係理論と定義するのであれば、日本の国際関係論を、国際関係理論を生み出さない存在とみなしうる。覇権安定論も、民主的平和論も生まれない。実証主義は、日本の国際関係論における主要な潮流ではない。言うまでもないことだが、大げさな主張を伴わない、理論重視の実証的研究には事欠かない。

しかし、ひとつにはこの問いに対する条件付きの答えを出すために、我々は、西田、田畑、平野によって示された三つの萌芽的な理論を説明した。そこからはっきりわかるのは、彼らがかなり力強い理論的主張を展開したことであり、彼らの主張がそれぞれ、本質的構成主義者、国際法を専門とする人民主権論者、地域統合を掲げるマルクス主義理論家のそれとみなされることである。実際、彼らは、英訳され、しかるべき公開討論の場で発表されたなら、全世界で読まれたと思われるような理論を生み出した。

これら三名の理論家のすぐれているところは、その理論的主張が二〇〇〇年代に日本の国際関係が直面している類の問題と共鳴することである。

第一に、靖国神社、クアラルンプールで開催された東アジア・サミット、日本国内の米軍基地に関して日本が抱えている難題が示しているように、西と東（アジア）の狭間にある日本のアイデンティティがうまく整理されていない。二番目に、雁行型の統合は、多国間地域統合協定戦略とは若干相容れない、市場適合的だが経済発展が進んでいるかどうかの違いの重視でもある二国間自由化戦略の存在を示唆している。三番目に、国境を超越した、人民主権に基づく平和主義は衰えていない。もっと正確に言うと、二〇〇五年に自由民主党が示した新憲法草案では、自衛隊と呼ばれる軍隊の存在が明示的に認められているのに、前文および第九条第一項の平和主義的な基本姿勢は変わっていない。

まとめると、国際関係理論が米国式の狭義の実証主義的理論と理解されるのであれば、筆者の答えはノーである。それに対して、構成主義的理論、規範的理論、実証的理論、法理論や、さらには、厳密には決して正式なものではない理論化の影響を表す研究業績も、国際関係理論に含まれるのであれば、筆者の答えは条件付きのイエスである。

より間接的には、しかし、ことによるとより根本的には、理論の継続性という観点から日本の国際関係論の本質を理解しようとする際に、次の六つの要因を強調することが重要と考えたほうがよいかもしれない。

(1)日本の国際関係研究は、様々な方法論的伝統が相互に害を及ぼすことなく共存する寄木細工のように発展してきた。政治学がきわめて重要な専門分野的枠組みを提供する米国の国際関係論とは違って、日本の国際関係論は、外交史、国際法、国際経済、地域研究、政治理論といった多様な専門分野の伝統を受け入れる。日本の国際関係論コミュニティにはこうした融合体的性質があるため、国際関係理論を生み出すのがより難しい。

(2)日本は西洋によって植民地化された経験がないため、日本の国際関係研究はきわめて大地の子的なものとなっている。植民地主義は、現地の人々に外国語習得の手段を提供したため、植民地化された経験を持つ国々では、国際関係研究が円滑に進む傾向がある。日本は、一九四五年から一九五二年まで米軍を主体とする連合国軍の占領下にあったわけだが、この時代に行われたのは間接統治である。つまり、米国人がトップにいたとはいえ、戦争犯罪に加担したとみなされたごく少数の官僚を除き、日本の官僚機構はそのまま残された。伝統的支配層が温存される間接統治では、統治者の影響は表面的なレベルにとどまり、多くを変えることはできない。インド、パキスタン、バングラデッシュ、シンガポール、マレーシア、フィリピンの国際関係研究は言うまでもなく、韓国、台湾、中国の国際関係研究と日本の国際関係研究を比べても、この点がきわめてはっきりと浮かび上がる。

(3)日本の国際関係研究は、ゲーリー・キング、ロバート・コヘイン、シドニー・バーバの実証主義的方法論のバイブル (King, Keohane, and Verba 1994) とはいささか異なる枠組みの中で行われる。それは、歴史的・文化的遺産を反映しており、そうした遺産の一部は、ペットマンの研究のポストモダン的観点を通じて最も有効に垣間見られるかもしれない。

(4)より実質的には、日本の国際関係は、三つの段階を経て進展してきた。(a)秦と漢の時代、およびそれ以前の時代の大半を通じて、日本は周辺の小国にすぎず、その統治者は、中国によって構築されたばかりの冊封体制の中で、中国皇帝から日本国王の官位を授けられることでその「正統性」が証明された。(b)隋、唐、宋、元、明と続いた千年間には、朝貢使節の派遣と朝貢貿易が中断され、散発的に行われる疑似朝貢貿易を交えた民間貿易の流れが中心となった。(c)日本が近代初期を迎えた数世紀間は、日本中心の独自の世界秩序を構築しようとした成熟期で、約三〇〇あった藩が事実上の自治権を保有していたとはいえ、徳川幕府が国家を統治し、日本の国防、商業、国内の交通網と安全をほぼ一手に担っていた。

(5)近代初期の時代に芽生えた日本中心の地域秩序の観点から、最もはっきりと垣間見ることのできる日本の国際関係の三つの顕著な特徴は、以下のとおりである。(a)透過性のある絶縁。これにより日本は、表意文字、宗教、武器、制度など、より高度な文明を、選択的に、ゆっくり時間をかけて吸収する一方で、それらが十分に浸透して国中にあふれかえることを許さなかった。その点は、古代における中国と朝鮮だけでなく、中世におけるポルトガルとスペイン、近代における英米に関しても同様だった。(b)中国および朝鮮との友好と隔たり。日本と中国および朝鮮との関係は、英国と大陸欧州の関係と似ている。日本は、英国と同様に、大陸に対して矛盾する感情を持つ。言い換えると、日本はアジアの一部でありながら、アジアからは少し離れている。(c)外部アクターの扱いが隣接する藩におおむね任される日本中心の世界秩序。たとえば、琉球王国の扱いは薩摩藩に、朝鮮王国の扱いは対馬藩に、アイヌとロシアの扱いは松前藩に任されたが、その一方で、徳川幕府が対外貿易を独占し、オランダおよび中国との貿易の大部分を長崎の出島だけで行った。一八一八年に、清の嘉慶帝は、嘉慶会典において外国を朝貢国と互市国という二つのグループに分けた。たとえば、朝鮮、ベトナム、英国は朝貢国とされたが、オランダ、フランス、日本は互市国とされた。中国にとって、日本は、朝貢使節を派遣することによって中国に対する敬意を示すことのないエコノミック・アニマルであり、日本にとって、中国は、正式な国交関係のない非国家的貿易アクターであった。

(6)日本式の統合には、国内レベル、地域レベル、世界レベルで少しずつ明らかになった三つの顕著な特徴がある。(a)輸送手段と市場に焦点を合わせる。近代初期には、三百余藩の全域で国内通商が奨励された。徳川幕府は、道路、橋、港、倉庫などの社会インフラを整備した。近代においては、港、船、石炭、石油、関税自主権が鍵となった。第二次世界大戦後の時代には、人口、政府開発援助（ODA）、対外貿易、技術協力、海外直接投資（FDI）が鍵となった。(b)日本国内、アジア、世界中での発展の漸進的成熟を利用する。ときどきそれは、雁行型貿易発展パターンと呼ばれることがある。先頭を飛ぶ一羽の雁の後ろに、副官に相当する雁たちが続き、さらにそのあとに遅い雁たちが続く。大阪と江戸（東京）およびその他全国の港湾都市を結ぶ通商路の整備が、近代初期の日本において国内市場を構築するうえできわめて重要だったのと同じように、日本の発展とともに、ODA、貿易、直接投資を通じてアジアの工業化（織物、衣料、靴、食品などの軽工業、鉄鋼、石油化学、機械などの重工業から、エレクトロニクス産業や情報産業まで）が推進された。グローバリゼーションの時代にあっては、日本式の機能的統合がどこでうまくいくかを判断するために、複雑なパターンが個別的に構成される。現在、日本で行われている東アジア共同体の建設に関する議論では、機能的統合がキーワードである。すなわち、安全保障、思想、価値観、制度などにはあまり多くの注意を払うことなく、何はともあれ、経済、金融、技術、組織の面でのつながりが追求される。(c)大東亜共栄圏構想は、国内および近隣の海外で必要な武器とエネルギー資源が尽きたときに、そして日本帝国海軍が西太平洋全体の支配権を失ったときに、日本帝国陸軍が思いついたものである。そこには、人種的平等、西洋による独占への反対、東アジアの平等と連帯という理念が含まれていた。しかし、一九四四年あるいは一九四五年当時の政治的慣行がこの構想を支えるものではなかったことは言うまでもないし、そもそも構想の実現に必要な軍事力や経済的資源が日本にはなかった。ところが、西田、田畑、平野らは、考え方はそれぞれ違ったが、たとえ構想の実施がいかに困難であろうとも、そして、構想がどのような自己矛盾をはらんでいようとも、西洋の植民地主義、西洋思想、西洋の軍事力を日本が粉砕すれば、やがては、植民地化された東洋を日本の力で解放するための道が開けるものと期待した。西田はそれを、日本人が独自のアイデンティティを確立するのに役立つ手法とみなした。田畑はそれを、国家主権を基盤とする度合いが低い国際法を確立するための手法とみなした。平野はそれを、平等性に基づく地域統合の手法とみなした。日本が米軍による軍事攻撃を受けて、まったくなすすべがなくなった時点で、この構想は単なる抑圧の強制に終わったので、三人とも、信じがたい、ありえない夢を見たことになる。帝国陸軍および海軍の軍事力と米軍の軍事力とがそっくり入れ替わっていたなら、大東亜共栄圏構想実現のきっかけが与えられたかもしれない。

そろそろまとめに入らなければならないので、国際関係の理論と研究における米国の覇権について少し補足しておいたほうがよさそうだ。米国の国際関係論は、すでに指摘した点以外にも、もっとはるかに強大な存在感を示しているわけだが、その細かな理由をいくつか挙げてみたい。筆者の見るところ、米国の学界がダイナミックで、競争的で、自分自身に内在するエンジンで前進する特質を育むことができたのは、ひとつには複数の専門家が論文の査読を匿名で行うシステムがあるからであり、ひとつにはとにかく学界の規模が大きいからであり、ひとつには英語という国際語が使用されているからであり、ひとつには研究者の採用／昇進と論文等の発表実績とが連動しているからである。活気と力強さの点で米国の学界に匹敵する国際関係論コミュニティはない。たぶん、西欧諸国は、おそらく多くのニッチ分野で米国と同等の力を生み出したと思われるコミュニティを築いた。世界市場においてそれぞれのニッチと地位を占めている *Review of International Studies*, *European Journal of International Relations*, *Journal of Peace Research* といった、欧州に基盤を置く国際関係の学術誌は、こうした評価に対する明白な証拠である。だが、米国の執筆者が上記の学術誌やその他の「すぐれた」学術誌に進出する外への「流れ」に注目する必要があるかもしれない。逆方向から言うと、非米国系のすぐれた学術誌が存在するのは、ひとつには米国在住の論文執筆者が外に「流れる」からである。西太平洋のアジア諸国は、できる限り自立的に力をつけようとしてきた。この地域における学術誌の刊行で先陣を切った *International Relations of the Asia-Pacific* は、討論の場を設けることをめざしている。そこでは、内外から寄せられる議論が論文の学問的水準を引き上げるばかりでなく、理念の融合と見識の充実がもたらされ、この地域における国際関係に対するよりよい、そしてより深い理解に影響を及ぼすきっかけともなる。たとえば、同じく地域に焦点を合わせた学術誌である *Pacific Review* と比べると、*International Relations of the Asia-Pacific* は、西欧の地域主義とアジア太平洋の地域主義（高度に制度化された地域主義とオープンであまり制度化しない地域主義）との、どちらかと言うと紋切り型の比較に終始することはあまりなく、むしろ地域主義についての歴史的・文化的により文脈化された分析に関心を寄せる。しかし、世界的に有名な学問的焦点のひとつという地位を要求できるようになるには、その実力を大幅に向上させる必要がある。

補足説明として、日本の政治学者が世界の舞台中央に向かって少し前進したことを付け加えておいたほうがよさそうだ。*American Political Science Review* の二〇〇五年五月号に掲載された二つの論文が日本人名を持つ政治学者によって（共同）執筆されたものであり（Kim and Matsubayashi 2005; Imai 2005）、(Sage Publications のすべての学術誌の中で）最も広く読まれている学術誌である *Journal of Conflict Resolution* の二〇〇五年六月号に掲載された論文のひとつも、同様に、日本の政治学者によって共同執筆されたものである（Goldsmith, Horiuchi, and Inoguchi 2005）。言い換えると、日本人の実力を過小評価することはできない。これら二つの論文はいずれも、内容が充実しており、実証主義的な精神に基づいて書かれている。グローバリゼーションが深化する時代にあっては、理念が急速に、かつ一斉に広がり、浸透していく。反米主義をテーマとする後者の論文が最も頻繁に読まれてきたという事実は、日本の国際関係研究が、その大地の子的性質を放棄することなしに、世界中でますます受け入れられるようになったことを示唆しているようだ。同様に、道教的戦略、仏教経済学、イスラム市民論、儒教マルクス主義、ヒンズー構成主義、異教的フェミニズム、アニミズム的環境保護主義といった多くの形而上学を解読し、説明するペットマンのような西洋の論文執筆者のおかげもあって、非西洋の国際関係理論のいくつかが以前よりもはるかにわかりやすくなった。

第7章

百花斉放を迎える東アジアの国際関係論——日本、韓国、台湾、中国

日本の国際関係論は、東アジアの隣国——韓国、台湾、中国——の国際関係論とくらべてどのような特徴を有するのか？　東アジアの国際関係論は歴史的文化的な、ある一定の共通性をもつと同時に、第二次世界大戦後の米国を軸とする国際関係論から、どのような影響を受けているのか？

1―東アジアの国際関係論は百花斉放を迎えているのか？

長年、東アジアの国際関係論は、国家安全保障分析と地域研究と外交史の雑多な寄せ集めに毛が生えたようなものと見られてきた。国家安全保障分析は政府と政府系シンクタンクによっておこなわれ、学者が主要な役割を果たすことはまったくなかった。地域研究は政府と政府系シンクタンクがおこない、学者は政府開発援助（ODA）のためであれ、テロ対策目的であれ、政策策定のために諸外国の詳細な新事情を提供する役割を果たした。外交史は政府と政府文書を作成する機関がおこない、学者の役割はそのような文書を集め、利用することだった。

大まかすぎることは認めるが、これがざっと一九六〇年ごろから一九八〇年代末までの東アジア――日本、韓国、台湾、中国――の国際関係論の様相である。一九八九年ごろ、三つの要因がこの様相を根本的に変化させた。それらの要因とは、経済発展、民主化、冷戦の終結である。東アジアの経済は、とくにその輸出重視の経済構造から、世界経済に対する関心を増大させる形で成長した（World Bank 1993）。民主化は市民社会と、その構成要素の一つである学術界に力を与えた（Inoguchi 2002; Schwartz and Pharr 2003）。冷戦の終結は、外交と国際関係のフィールドを拡大した（Inoguchi 2002）。この三つの要因が東アジアの国際関係論をきわめて着実に進歩させてきた。確かに多くの格差が残っている。経済発展が最初に起きたのは日本であり、韓国と台湾がそれに続き、もっとも遅かったのは中国だった。民主化の程度には非常に大きな格差がある。日本では民主主義が確立されて久しく、韓国と台湾では第三の波の民主主義が生まれ、中国ではまだかなり独裁的な政権が居座っている（Inoguchi and Carlson 2006）。欧州では冷戦が終結したが、アジアでは二つの対立する勢力が多かれ少なかれそのまま残っている。とはいえ、これら三つの事象がプラスの要因となって東アジアの国際関係論を発展させてきたことは確かである。

この三つの要因のそれぞれがどの程度、国際関係論の発展に寄与しているかは場所によって異なる。だが東アジアの国際関係論が、その範囲と成果の質の両方において非常に重要になっていることは確かだ。本章の目的は、比較の枠組み内でその重要性の高まりを考慮し、東アジアの国際関係論は百花斉放を迎えているのかについて考察することである。本論に移る前に断っておかなければならないが、このみずからに課した課題の実行において、*Journal of East Asian Studies* の東アジア国際関係論特集（第二巻第一号、二〇〇二年二月——この号の共編者は本書の著者がつとめている）とともに、それ以降に寄せられた四地域の多くの同僚研究者たちの助けに多くを負っている。それは筆者の中国語と韓国語の能力がそれぞれ中級と初級のレベルにとどまっているためだ。

2—比較の枠組み

東アジアの国際関係論を比較する際に、筆者は次の三つの問題を考えた。

(1) 政界に対して、学術界はどの程度、自立／従属、分離／融合しているか。
(2) 学者たちの研究テーマをかたちづくる主要な枠組みは何か。
(3) 国際関係学に対する主要なアプローチは何か。

一番目の問いは、国際関係論の学界がどの程度、（社会的に）傑出しているのかを見る。国際関係論の学術界が社会のなかでどの程度の存在感を持っているのかを見るのに必要な問いである。言い換えれば、国家に対して市民社会がどの程度分離し、成熟しているかを見るのに重要な問題だ。東アジアの大部分の地域における最近の市民社会の展開を考えれば、これを見ることによって東アジアでは学術界がかなり活発であることがわかるだろう。二番目の問いは、国際関係論の研究者たちが主として何に関心を抱いているかを見るものである。この問いは、彼らがどんなテーマに関心を持っているかを知るのに重要だ。それによって彼らの研究の関心が、すでに系統だって比較検討されている北米、西欧、南米の国際関係論と比べて、どのような類似点・相違点を持っているかがわかる（Wæver 1998; Tickner 2001）。三番目の問いは、研究者たちの方法論の傾向を知るのに重要だ。それを見ることによって、研究者たちが方法論として北米、西欧、南米の国際関係研究者たちと、どのような類似点・相違点を持っているかがわかる。この三つの問いによって、各国の国際関係学界の特徴がわかってくるはずだ。それに基づいて、東アジアの国際関係学界のこれからを見てみたい。

3―一九八九年に起きたパラダイム転換

一九八九年にはさまざまなことが起きたが、そのすべてが東アジアの国際関係論を質的に飛躍的に進化させたと考えることができるだろう。その進化は、次の三つの事態の結合の結果だった。すなわち、東アジアの発展の動きが安定水準期に達したこと、中流階級主導の若い市民社会が誕生したこと、欧州における冷戦の終結が他の地域における別の形の対立に何らかの雪解けをもたらしたこと、である。一九八九年ごろに同時に起きたこの三つの事態が、東アジアの国際関係論の発展の重要な契機になったと言っても過言ではないだろう。一九八五年のプラザ合意で米ドルの為替レートが米国の経済回復に有利に維持され、それ以降、日本が積極的にニューヨークへ大量の資本移動をおこなったこともあって、日本ではバブル経済が生じた。一九八九年にはバブル経済の頂点で政権党自由民主党の大きなスキャンダルが起きた。一九八九年、台湾の蔣経国総統は独裁政治はやがて民主主義に取って代わられるだろうと述べた。同様に韓国の盧泰愚大統領は一九八九年、軍事独裁政権は終わりを告げて民主主義の時代がやってくると宣言した。一九八九年、中国では最高指導者鄧小平が、民主主義を求めて北京の天安門広場に集まったデモ隊を厳しく弾圧した。それは一九八〇年代の中国共産党による限定的な民主化の動きから、政治的に二歩後退した事件だったが、その後、中国は経済開発と市場自由化を加速していくことになる。一九九三年までには東アジアは質的に変化していた。日本では与党自民党が一九五五年の結党以来、初めて政権から退いた。韓国では民主選挙で盧泰愚大統領が選出された。台湾では民主選挙で李登輝が総統に選ばれた。中国では改革開放政策路線を継続する道が築かれ、同国の発展の勢いと賃金の安さに惹かれる外国資本を呼び寄せた。つまり、一九九三年までには国際関係論の開花へのお膳立てが整っていたと言っても過言ではないだろう。

4―定番メニューからの離脱

一九九三年以前の東アジアの国際関係論には定番メニューが存在していたと言ってもよいだろう。しかも、その目はただひたすら最優先課題に向けられていた。つまり、東アジア四地域のそれぞれの国際関係論の範囲と色合いを規定する基本的な枠組みとなる課題があったのだ。日本の場合、それは米国との同盟の周辺に存在した。韓国にとっては対北朝鮮関係と再統一の問題がそうだった。台湾の場合は、中国大陸あるいは海峡両岸関係の問題がそうだった。すべてが定番メニューであり、同時に政策課題だった。どれも取り扱う範囲が狭く固定的だった。それらの問題について学者がとやかく言う余地はあまりなかったのだ。もちろん、学者の声が反映される余地がもっとも大きかったのは日本で、続いて韓国と台湾が比較的大きく、中国がもっとも小さかったことは強調すべきだろう。言い換えれば、日本では研究テーマの多様性がもっとも大きく、韓国と台湾では比較的大きく、中国ではもっとも小さかった。重要なのは、各国とも一九九三年ごろに新たな出発をしたという点だ。この点を踏まえて、一九九三年ごろの各国の定番メニューがどのようなものだったかを見ていこう。

1 日本

それまで日米関係に焦点が置かれていたのが、高度経済成長・一党支配・冷戦の三重の終焉と相まって、日本の国際関係論の範囲と関心分野は大幅に拡大した（Inoguchi 2004）。一九七五年から一九九〇年までの日本の外交政策路線は、米国主導の国際経済システムの支援的役割を果たす点を特徴とする。一九九〇年から二〇〇五年までの政策路線は、グローバル・シビリアン・パワーの役割を果たすことを特徴としている。これはドイツや日本のような非軍事国が活動できるような余地が広がったことを反映している（Katada, Maull, and Inoguchi 2004）。それとともに人々の安全、多国間協調主義、地域機構、人権、民主化、ODA、自由貿易制度、歴史的記憶のような問題への関心が高まった。それまで自国のみに集中していた関心が、しだいに国際政治の分野に向けられるようになったことにも留意する必要がある。日本が地域研究分野に強かったために、この移行が促進された。これまで地域研究は国際関係学からやや距離を置いていたが、現在、地域研究は事実上、地球政治学の中でその部分を構成する要素として融合されている（表7-1を参照）。

2 韓国

韓国の場合は南北朝鮮関係あるいは再統一の問題が定番メニューだった。その優位性はあまり変わっ

表7-1　日本の学会員の自己申告による国際関係論の専門分野（1998年）

歴史	日本外交史	211	理論	地球環境	41
理論	国際政治理論（思想）	200	理論	人権問題	39
理論	安全保障研究	180	理論	世界システム	38
歴史	外交史・国際政治史	174	地域研究	中東	37
理論	国際政治経済	147	理論	文化摩擦	35
歴史	ヨーロッパ	118	地域研究	地域研究	34
地域研究	西欧	109	地域研究	東欧	33
歴史	東アジア	108	歴史	中国	33
歴史	アメリカ（米州）	107	地域研究	中南米	32
理論	民族エスニック研究	85	歴史	ソ連・ロシア	31
地域研究	北米	85	歴史	中東	30
理論	対外政策決定	83	地域研究	アフリカ	28
理論	平和研究	79	理論	NGO	26
地域研究	東南アジア	78	地域研究	オセアニア	21
地域研究	東アジア	77	理論	国際移動	19
地域研究	中国	69	理論	地域主義	18
理論	南北問題	68	地域研究	中欧	18
地域研究	日本	66	歴史	オセアニア	18
地域研究	ロシア	66	理論	相互依存	17
歴史	東南アジア	59	歴史	アフリカ	12
理論	国際統合	53	理論	数量分析	10
理論	国際交流	47	地域研究	南アジア	8

注：1998年12月現在の会員2,163名中1,172名が，会員を対象とした学会主催の調査に回答した．回答者は研究の専門分野を3つまで選ぶよう求められた．平均すると1人当たり2.5分野にマークしている（猪口・原田2002を参照）．

ていないが、軍事独裁政権と冷戦の終結、北朝鮮との対話の再開とともに、韓国の国際関係論の範囲は大幅に拡大した。一九九〇年から二〇〇五年までの韓国の外交政策路線は、世界貿易機関（WTO）グローバリズム、中国や日本との小地域主義、東南アジア諸国連合（ASEAN）＋3（日中韓）やアジア太平洋経済協力（APEC）、また、自由貿易協定（FTA）、地域通貨基金のようなアジア地域主義とグローバリズムを巧みに使い分けるという特徴を持っている。多くの米国の博士号取得者が、韓国内で教えていることがこの傾向を強めている（表7-2を参照）。

3 台湾

台湾の国際関係論を支配していたのは、海峡をはさんだ中国・台湾関係だった。国際的承認をめぐる北京との競争によって、台湾はODAを巧みに利用して活発なグローバル・パワーに成長した。台湾の外交政策は、アフリカ、ラテンアメリカ、南太平洋地域に対するイスラエルの外交政策と似た面があり、

表7-2　韓国のテーマ別論文・書籍（単位：数）

論文，1980-1995年*	
国際関係理論・思想	34
地域研究（共産圏を含む）	31
国際政治経済（環境，自然資源その他）	45
南北朝鮮関係，南北統一	36
軍事・安全保障研究（東アジア）	58
韓国外交政策	36
比較外交政策	17
外交史，国際政治史	28
国際組織，国際法	14
北朝鮮	16
合計	315
博士論文，1980-1995年	
国際関係理論・思想	4
地域研究	22
国際政治経済	15
南北朝鮮関係，南北統一	9
軍事・安全保障研究（東アジア）	22
韓国外交政策	4
比較外交政策	40
外交史	23
北朝鮮	11
合計	150
書籍，1980-1995年	
国際関係理論・思想	15
地域研究	50
国際政治経済	8
南北朝鮮関係，南北統一	20
軍事・安全保障研究（東アジア）	38
韓国外交政策	16
比較外交政策	4
外交史	21
国際組織，国際法	7
北朝鮮	17
教科書問題	7
合計	203

* *Korean Political Science Review, Korean Journal of International Studies.*

出典：Park and Ha (1995).

表7-3　台湾の国際関係研究の状況，1988-1993年（単位：%）

下位分野	自己申告による所属専門分野	論文	学位論文	研究プロジェクト	課程
国際関係研究方法論	5.12	0	0	0	1.07
国際関係理論	23.33	6.01	7.58	21.88	23.53
国際政治経済	27.11	20.04	12.63	9.38	10.7
国際組織・国際法	13.11	10.62	11.1	9.37	19.78
外交政策・対外関係	31.33	63.33	68.69	59.37	44.92
N	460	499	198	32	187

出典：Bau et al. (1994).

国際社会からの承認を得ることを非常に重視している。一九九〇年から二〇〇五年までの間、台湾の外交政策路線は、二つのジレンマに突き当たった。一つは中国と対抗する同盟を結ぶか、あるいは中国に同調するかのジレンマであり、もう一つは中国への直接投資によって経済統合を強化するか、あるいは中国への過剰なかかわりを控えるかというジレンマである。このようなジレンマを前にして、台湾の国際関係論は前述した定番メニューから大きく離脱している。多くの米国の博士号取得者が台湾内で教えていることが、この変化を加速させている（表7-3を参照）。

4　中国

「強い軍隊を持つ豊かな国になるまでは、どんな犠牲を払ってでも平和を」という鄧小平の墓碑銘が、中国の外交政策路線を支配してきた。米軍によるベオグラードの中国大使館爆撃、海南島事件（米国の偵察機による中国戦闘機の撃墜）のように、悔し涙をのんだ事件だけでも、十分過ぎるほどだった。だが、米国同時多発テロ事件以後の出来事は、米国の一極主義と単独行動主義を、それまで以上に明確に示すようになった。中国は悔し涙をこらえたのみならず、とくに国境を接する国々と平和を築くことに積極的に乗り出した。イスラム過激派の中国侵入を防ぐためにロシアおよび中央アジア諸国と創設した上海協力機構（SCO）、北朝鮮の暴走を阻止するための六カ国協議、ASEANを中国と協調させるための中国・ASEAN・FTAなどがその例である。外交を活発化する必要に迫られて中国は米国へ、たとえばハーバード大学ケネディ行政大学院などに向けて大量の官僚を送り込んでいる（一〇〇人から二〇〇人、それも毎年）。中国は米国の国際関係論関連書籍の最大の購買国である。

5—国際関係論の研究アプローチ

上記のような定番メニューは、国際関係論の持つある種の傾向と密接な関わりを持っている。もっとも注目すべきは、記述主義が支配的なことである。地域研究であれ、外交史であれ、狭義の国際関係論であれ、国際関係論のあらゆる下位分野で、この記述主義がはびこっている。その理由は二つ考えられる。第一に、記述主義は大部分の国際関係論の政策主義と協調してきた。政策重視の研究は、政府の政策路線との一致を評価するうえで、記述的研究よりも政策方向と内容について明確さが必要だ。記述的アプローチをとればある程度、政府政策との一致という難しい問題を避けて通れる。第二に、ここに挙げた四地域の学者は国際関係論の研究アプローチにおいて、あまり実証分析的ではない。米国の学者たちに比べて研究に状況的要素を持ち込む傾向が強い。アイデンティティ、文化、歴史を重視するという意味において、より構成主義的である。だが研究範囲が拡大するにつれて、しだいに他の研究アプローチも採られるようになってきた。この変化のなかで実証分析的なアプローチが強まっている。このアプローチはしばしば理論的アプローチと協調関係にある。

一九九三年ごろまでは、次のような理論的な見識に基づく論争が東アジアでおこなわれるとは、考えられなかった。

例えば日本では、ウェストファリアン（国家主権、軍事力の行使、愛国心を強調）、フィラデルフィアン（人民主権、自由、人権、民主主義を強調）、反ユートピアン（主権喪失、破綻国家、ならず者国家を強調）の各論客が、それぞれ強い勢力を持っていることは、一つの好例と言える（本書第4章を参照）。彼らの違いは、ロバート・クーパーの述べる前近代、近代、ポストモダンの区分のように、多少なりとも地理的に線引きすることが可能だとする人もいる（Cooper 2003; 田中 一九九六）。また、これらのパラダイム形成は、地球規模でなされたものであり、これらのパラダイムと特定の国家群とを地理的に結びつけようとするのは的外れだとする人もいる（Inoguchi 1999a）。

韓国では、二〇〇二年一二月の大統領選中に見られたような、韓国国民の一見激しい反米主義は、若い世代が朝鮮戦争の悲惨さを知らないための世代的な要因によるものなのか（Kim 2005）、あるいは韓国にまだ十分に成熟した市民社会が生まれていないためなのかについて、さまざまな形で議論されている。

台湾では、中国の興隆に対して中国の近隣国がどう行動するかについて、中国に対抗する連合が形成されるだろう（ジョン・ミアシャイマー、アベリー・ゴールドスタインにとっての台湾の友人）とする人々と、大部分が中国に同調するだろう（ロバート・ロス、アラステア・イアン・ジョンストンにとっての台湾の友人）と主張する人々の間で論争が続いている。

中国では、国際組織をどうとらえるか、また国際組織と共存しながらその規範とルールを学ぶことによって、それらの組織の利益の拡大をいかに図っていくのか、というような問題は、一九九三年以前には夢にも考えられないことだっただろう。二〇〇三年に、理論的にもっとも優れた学者が編集した一冊の本が英語で出版されたために、さまざまな国際組織への中国政府の関与が手にとるようにわかるようになった（Wang 2003）。

これらすべては、一九九三年ごろまでに圧倒的に優勢だった定番メニューとは質的に異なっている。

6―米国の国際関係論の浸透

これら四地域における米国での博士号取得者の規模を、大まかに比較することができる。韓国と台湾では非常に多くの研究者と政治家の一部に、米国の博士号取得者がいる。韓国と日本を比べるとその差は歴然としている。韓国には米国での博士号取得者が約六〇〇人いるのに対して、日本には約六〇人しかいない。台湾はこの点では韓国に匹敵する。米国での政治学博士号取得者数に比例して、韓国と台湾で出版されている米国国際関係論の翻訳書数は突出している。日本でも翻訳はそれに劣らず盛んにおこなわれているのだが、日本の教授陣は、一冊丸ごと翻訳された教科書を使うよりも、ある部分を選び出し、部分的に自分自身の本に取り込むほうを好む。

国際関係論の研究成果の発表度合いを見れば、米国の浸透度が見えてくるだろう。(1)*World Politics, International Organization, International Security* のような米国の一流誌に論文を発表している東アジアの研究者は少ない。(2)多くの研究者が、その国の言葉で出版されている国内の権威ある学術誌に論文を発表している。(3)さらに多くが、学部や大学の研究紀要に論文を発表している。(4)その他、たくさんの人たちが、一般向けの雑誌に論文を掲載している。

韓国政府と台湾政府は、社会科学学術誌引用指標(Social Science Citation Index)に収録されている雑誌に論文を発表するよう学者に奨励している。また台湾政府は台湾版社会科学学術誌引用指標とも言うべきものを作り出そうとしている。日本政府はこの面では何の行動も起こしていない。中国政府も同様である。

国際関係論の英文誌の出版は、自分たちの研究を外国の研究者たちに知ってもらいたいという欲求、生産的な議論をおこなう学術フォーラムをつくりたいという欲求、雑誌の出版を通して学問的競争力を強化したいという欲求などに促されている。そのような専門誌の一部、とくに英語で出版されているものをざっと見ていこう。

1　日本

International Relations of the Asia-Pacific は日本国際政治学会の刊行する学術誌である。年に二回、オッ

クスフォード大学出版局から出版されており、本書の著者が編者をつとめる。アジア太平洋地域の国際関係に関心を持つ人々に学術フォーラムを提供することを目的としている。言い換えれば、同学会員に研究成果の発表の場を提供することが、その第一目的ではない。寄稿者の居住地分布を見ると、米国が三五パーセント、日本とオセアニアを含むアジアが三五パーセント、英国を含む西欧が二五パーセント、その他が五パーセントとなっている。日本人の寄稿者は一〇パーセントを占める。論文のテーマは、地域主義、同盟、エネルギーと安全保障、ジェンダーと軍事基地、国家主権、人権、二国間主義、環境条約、各国の外交政策の問題など多岐にわたる。オンラインで入手でき、世界中で購読されている。*Times Higher Education Supplement* で高い評価を受けている。

International Journal of Asian Studies は東京大学東洋文化研究所から年に二回発行されている雑誌。一九世紀の東アジアと東南アジアの国際貿易網のような歴史的な題材を扱っている。濱下武志らが編者を務める。

Japan Review of International Affairs は日本外務省のシンクタンク、日本国際問題研究所が発行する雑誌。

Asia-Pacific Review は東京の民間シンクタンク、世界平和研究所が発行する雑誌。

Japanese Journal of Political Science はケンブリッジ大学出版局から年三回発行されている。比較政治学、とくに日本、東アジア、その他のアジアが中心である。国際関係を扱う場合もある。本書の著者が編者をつとめる。*Times Higher Education Supplement* 中の論文で高く評価されている（Connors 2003）。

2　韓国

Journal of East Asian Studies はソウルの東アジア研究所の出版物。リン・ライナー（Lynne Rienner）が年三回発行している。編者はキム・ビュンクック（Byung-Kook Kim）だったが、現在はステファン・ハガード（Stephan Hagaard）である。比較政治学と国際関係論の混合である。民主化、北東アジアの環境保護、南北朝鮮問題、東アジアの国際関係を扱っている。

Korean Journal of Defense Analysis は韓国国防部が発行している。韓国に焦点を合わせている。

Korea and World Affairs は韓国統一院のシンクタンクが発行する雑誌。

Political Science in Asia はアジア政治研究連合（ＡＣＰＲ）（アン・チュンシー（Chung-Si Ahn）とパク・チャンウック（Chan-Wook Park）が編集長）で編集されソウル大学校出版部が刊行する。ＡＣＰＲはアジア太平洋地域の主要な大学の政治学者の連合体で、一年に数回、ワークショップや会議を開催、共同研究と共同出版を推進している。

3　台湾

Issues and Studies は国立政治大学国際関係研究センターが出版する雑誌。年に三〜四回発行されている。中心は中国台湾関係だが、最近は世界や理論的な分野にも範囲を広げている。

4　中国

Chinese Journal of International Politics は清華大学で編集される雑誌で、オックスフォード大学出版局から刊行されている。中国の国際関係に焦点をあてるもので、中国の隆盛とあいまって内外で注目されている。

International Studies は中国外交部のシンクタンク、中国国際問題研究所が発行する雑誌。

Journal of World Economy and Politics は中国社会科学院の世界経済・政治研究所が発行する雑誌。

Contemporary International Relations は中国共産党のシンクタンク、中国現代国際関係研究所が発行する雑誌である。

5 東アジア以外

東アジア以外のアジア地域でも東アジアの国際関係を扱う雑誌が出版されている。以下はその一部である。

China : An International Journal はシンガポール国立大学東アジア研究所の雑誌。シンガポール国立大学出版部から年二回発行されている。編者はワン・ガンウー（Wang Gungwu）ら。質の高い学術誌で、*The China Quarterly, The China Journal, Modern China* と肩を並べるまでになっている。国際関係も扱う。

Asian Journal of Political Science はシンガポール国立大学政治学部が発行する。ラウトレッジ（Routledge）から年に二回出版されている。編者はテリー・ナーディン（Terry Nardin）とシャムスル・ハック（Shamsul Haque）。東南アジアの政治と国際関係を扱う。

Contemporary Southeast Asia はシンガポールの東南アジア研究所が発行する。東南アジア各国に焦点を合わせているが、東南アジア以外の国際関係を扱う場合も多い。*International Studies* は、インドのジャワハルラル・ネルー大学がセイジ（Sage）出版社から発行している雑誌。南アジアが中心だが、最近は次第にグローバルとなり、理論的なものも多い。

7—国際的な研究発信

東アジアの国際関係論は一九九三年ごろに大きく変わり始めたと述べた。この節ではより具体的に、国際的な研究発信を行っているこれら四地域の一〇～一五人の研究者と、さまざまな分野の、主として英語で発表された彼らの研究のテーマを見てみよう。

1　日　本

Akaha, Tsuneo（赤羽恒雄）, Northeast Asian Regionalism（北東アジア地域主義）
Fukushima, Akiko（福島安紀子）, Japanese Foreign Policy（日本外交）
Hara, Kimie（原貴美恵）, Russo-Japanese Relations（日ロ関係）
Iida, Keisuke（飯田敬輔）, Game-Theoretic Analysis of Trade Negotiations（貿易交渉のゲーム理論的分析）
Inoguchi, Takashi（猪口孝）, American Democracy Promotion（米国による民主主義の推進）

Iriye, Akira（入江昭）, Non-Governmental Organizations（非政府組織）
Karatani, Rieko（柄谷理恵子）, Changing Notions of British Citizenships（変化するイギリス市民の意識）
Katada, Saori（片田さおり）, International Monetary Relations（国際通貨関係）
Onuma, Yasuaki（大沼保昭）, Theory of Inter-Civilizational International Law（文際的国際法理論）
Shinoda, Hideaki（篠田英朗）, Changing Notions of State Sovereignty（変化する国家主権観）
Shinoda, Tomohito（信田智人）, Japanese Diplomacy（日本外交）
Shiraishi, Takashi（白石隆）, East Asian Regionalism（東アジア地域主義）
Soeya, Yoshihide（添谷芳秀）, Japanese Policy toward China（日本の対中国政策）
Sudo, Sueo（須藤季夫）, Japanese Policy toward Southeast Asia（日本の対東南アジア政策）
Suganami, Hidemi（菅波英美）, Domestic Basis of Foreign Policy（外交政策の国内基盤）
Suzuki, Motoshi（鈴木基史）, Alliance Formation（同盟の形成）
Tanaka, Akihiko（田中明彦）, New Medievalism（新しい中世）
Tsunekawa, Keiichi（恒川惠市）, Comparative Political Economy（比較政治経済）
Yamamoto, Mari（山本真理）, Japanese Peace Movements（日本の平和運動）

2 韓国

Ahn, Chung-Si, Southeast Asian Politics（東南アジアの政治）
Cha, Victor, Triangular Alliance（三国同盟）
Ha, Young-Sun, International Political Thought（国際政治思想）
Hahm, Chaibong, Confucianism for Modern World（現代世界の儒教）

Hyun, In-Taek, Post-Unifcation Defense Challenges（南北統一後の防衛の課題）
Im, Hyun-Baeg, Globalization and New Liberalism（グローバリゼーションと新自由主義）
Jang, In-Sung, Confucian Thought about the Changing East Asian Order（変化する東アジア秩序についての儒教的思想）
Kang, David, Nuclear North Korea（北朝鮮の核問題）
Kang, Sung-Hak, Korea and Japan's Intervention in Russian Siberia（ロシア・シベリアへの韓国と日本の介入）
Kim, Byung-Kook, Consolidating Democracy（民主主義の定着）
Kim, Ki-Jung, US Foreign Policy toward Korea（米国の対韓外交政策）
Kim, Sam, Korea's Democratization（韓国の民主化）
Kim, Woo-Sang, Korea and Power Transition（韓国と権力の移行）
Moon, Chung-In, States and Markets（国家と市場）
Moon, Katherine, Genderizing Alliance（同盟のジェンダー化）
Park, Myung-Lim, The Korean War（朝鮮戦争）
Shin, Wook-Hee, Neo-Kantian Peace in Northeast Asia（北東アジアの新カント派的平和）
Yoon, Young-Kwan, Middle Powers in an Era of Globalization（グローバリゼーションの時代の中堅国家）

3　台　湾

Cheng, Tun-jen, Taiwanese Democracy（台湾の民主主義）
Chu, Yun-han, Consolidating Third-Wave Democracy（第三の波の民主主義の定着）
Guo, Cheng-tian, Global Competitiveness and Industrial Growth（国際競争力と産業発展）

Hsiao, Chuan-jenq, The Asian Financial Crisis and Regional Security（アジア金融危機と地域安全保障）
Ling, Chen-yi, The United States Policy toward China（米国の対中政策）
Ling, Lily, Genderizing Post-Colonial System（ポスト植民地システムのジェンダー化）
Shih, Chih-yu, Navigating Sovereignty（航行する主権）
Tien, Hung-mao, Taiwanese Democracy（台湾の民主主義）
Wu, Yu-shan, Comparative Economic Transformations（比較経済改革）
Yang, Philip, Cross-Strait Relations（中国台湾関係）

4 中国

Guo, Dingping, Comparative Politics ; East Asia（比較政治学／東アジア）
He, Baogang, Grassroots Level Politics in Chinese Countryside（中国地方部の草の根レベルの政治）
Jia, Qingguo, Chinese-American Relations（米中関係）
Wang, Hongying, Chinese Foreign Policy（中国の外交政策）
Wang, Jianwei, Chinese Foreign Policy（中国の外交政策）
Wang, Min, Japanese Economic Foreign Policy（日本の経済外交政策）
Wang, Yizhou, China and International Institutions（中国と国際制度）
Wu, Xingbo, China and the United States（中国と米国）
Yang, Bojiang, Chinese Policy toward Japan（中国の対日政策）
Yang, Daqing, American Foreign Policy（米国の外交政策）
Zhang, Yunlin, Chinese-ASEAN Relations（中国・ASEAN関係）

Zhao, Quansheng, Japanese Foreign Policy（日本の外交政策）
Zheng, Yongnian, Chinese Social Movements（中国の社会運動）

8―結　論

東アジアの国際関係学界は百花斉放を迎えているのか。いまだに旺盛な発展の気運、成長を続ける市民社会、地域的冷戦の断続的な雪解けを考えると、その答えはある程度「イエス」だ。これらの構造的要因に加えて、米国という要因を挙げることもできるだろう。訳書や論文、あるいは米国での博士号取得者を通じて、米国の国際関係論の概念と手法が東アジアに浸透していることには、先に短く触れた。これは米国流の民主主義の振興と普及の一つのかたちと言える。表面的に見れば、米国の国際関係論がもっとも浸透しているのは、明らかに韓国である。第二が台湾。消化するのに比較的限られた時間しかなかったことを考えれば、三番目は中国となる。不思議なことに日本は四番目である。日本の研究者が米国の国際関係論の概念や手法に従うことはもちろん、それに触れる度合いも他の三地域と比べてはるかに低い。学生の教育、教授の採用、研究成果の評価に関する日本国内で広がっている制度は、四地域の中でもっとも米国のシステムとの折り合いが悪い。米国の国際関係論に対して、日本が際限なく懐疑的だというわけではない。これは各国のエリート研究者の英語能力と大いに関係している。それは、これら四地域の各学界の社会的な平等主義に大いに関係してくる。いずれにせよ、それぞれの国際関係学界が花開くための構造的要因は、ますます熟している。これらの構造的要因を別にすれば、もっとも注目すべき点は、東アジアにおいて米国の国際関係論が普及、混淆、融合の過程に組み込まれることにより、いままでより状況に即した、より文化的な色合いの濃い、より歴史に根ざした国際関係論が、そろそろ現れそうな様相を呈しているということだ。だからこそ本章の冒頭で筆者は、「東アジアの国際関係論は百花斉放を迎えているのか?」という問いを発したのである。東アジアの現実の多様性が実証的に検証され、幾多の東アジアの国際関係研究が生まれるという意味で、筆者の答えは「イエス」だ。

第8章 地域研究と国際関係論

国際関係論は政治学に吸収され、地域研究は比較政治学に吸収されるのが戦後米国のあり方であったが、国際関係論と地域研究はどのような関係にあり、またそれぞれどのような位置を占めるのか?

1――地域研究の起源

地域研究が登場したのは、欧州に起源をもつ社会科学が、長年にわたって欧州と北大西洋の社会に主眼を置くという限界をもっていたことに対し、米国人が不満をもったのがきっかけだった。つまり、二〇世紀の非西洋社会の重要な情報を収集し、分析を行おうとしてきた多くの米国人の不満が、この学問分野を登場させたともいえる（Hall 1948）。第一に、経験的データが悲しいほど少なかった。第二に、欧州で生まれた社会科学は、経済発展、民主化、法の支配に関する米国人の主張に懐疑的であるように思えた。第三に、最初は戦争遂行のために、後には世界統治についての独自の考え方から、米国人は世界を対象としたより幅広い社会科学を必要としていた。地域研究は、こうした背景のもとで米国で誕生した。

当初の地域研究は、地域の社会、地域の変化、地域内の相互関係に焦点をあて、上述したように厚みのある研究成果を積み上げようと試みた。エール大学が編纂した The Human Relations Area Studies Files は、そうした取り組みの最良の成果の一つである。これは圧倒的な内容をもつ詳細な民族誌であり、世界の多くの社会にみられる信条、習慣、社会慣習を取り上げている。作成したのは、主として人類学者と地理学者だった（Murdoch 1981）。知名度は劣るが、もう一つの例として国連大学の支援で編纂された食料パターンに関する文献がある。世界のきわめて多くの地域を対象に、摂取されている食料の種類と性質を詳細に記述している。これは食糧援助、保健・衛生の確保のための人材養成、缶詰食品のための技術援助が必要になるとの予測に関連して作成された。長い間、この種の地域研究は人類学者や地理学者などが担ってきた。

だが一九五〇年代ないし一九六〇年代になると、多数の有力な経済学者、社会学者、政治学者が、経済発展や民主化といった主題について、経験的に検証可能な主張を確立する必要性があると感じるようになった。そこから米国を起源とする**近代化理論**が全面的に開花した。途上国と米国政府に対し、米国の経験を模範として経済発展と民主化という課題をいかに遂行すべきかの指針を示そうとしたのである。この分野でもっとも有名な論者が、W・W・ロストウとシーモア・M・リプセットである（Rostow 1960; Lipset 1981）。経済発展と民主化に関する一般化可能な主張の確立に意欲を燃やしたこれらの社会科学者は、決して地域研究を無視しなかった。彼らにとって、地域研究は社会科学のための優れたデータベースであった。また経済発展や民主化などに関する自分たちの一般理論、いいかえれば各種の近代化理論の裏付けとなるデータを収集したがっていた。このため一九六〇年代には、担当スタッフや専攻学生数の面で地域研究は急激に拡大した。

米国中心主義的な近代化理論の影響を受けて、地域研究の体系化と理論化が進んだ結果、地域研究に付随する多数の論点が通常の社会科学のなかに統合されていった。比較経済体制論の教科書には、市場経済、中央計画経済と並んで、開発経済の章が組み込まれたが、これは通常は地域研究が対象とする経済体制を一般的に表現したものである。同様に、比較政治学の教科書には、産業民主主義、共産党独裁と並んで、開発独裁の章が組み込まれたが、これは通常は地域研究が取り上げる政治システムを一般的に表現したものである（Eckstein 1971; Eckstein and Apter 1963）。一九六〇年代のある時期、米国中心主義的な近代化理論が注入されたことによって、地域研究はめでたく通常の社会科学に統合されたかのように思われた。だが、状況はすぐに変わった。一九六〇年代後半から一九七〇年代半ばにかけてのベトナムでの米国の経験が、米国中心主義的な近代化理論への信用を失わせたからである（Packenham 1973; Latham 2000）。さらに一九八〇年代末の冷戦の終結によって、これらの教科書に描かれた世界情勢は劇的に変容した。基本的にはデジタル化、グローバリゼーション、民主化という三つの潮流が、比較経済体制論と比較政治学の大枠、理論を変更させ始めたのである（Inoguchi 2001）。この三つの潮流が一貫して強まった結果、国民国家、国民経済、国民文化に焦点をあててきた従来の社会科学の枠組みと理論では、グローバリゼーションとローカリゼーションが進行し、国境を超えて行われるようになった経済活動と政治的相互作用を扱うには、少し狭すぎると思えるようになった（Inoguchi 1999a; Katzenstein, Keohane, and Krasner 1999）。そこで一九九〇年代後半から比較経済体制論の教科書は、グローバル化した市場システムのもとで開放の進んだ経済と遅れた経済についての教科書に代わっていった。同様に、比較政治学の教科書の内容も、政治体制を産業民主主義、共産党独裁、開発独裁に分類したものから、確立された民主主義、新興または移行期の民主主義、非民主主義、破綻国家に分類したものに代わっていった（Sachs and Larrain 1993; Kesselman et al. 1999）。二一世紀の最初の段階で明らかになったのは、健全に機能している市場経済と、健全に機能している民主主義という二つの基準が、主流派的な社会科学を構成する原則として普及したことである。そしてアングロアメリカン・モデル、大陸欧州モデル、日本モデルといった比較市場システム論が流行した。同様に比較民主主義論が広まった（Thurow 1997; Rose and Shin 2001; Inoguchi 2000b; APSA 2000）。

では地域研究はどうなったか。地域研究はいま、市場または民主主義に焦点をあてた通常の社会科学のなかに埋没したようにみえる。だが一部の論者は、このようにおそろしく単純化された枠組みに違和感を感じ、より厳密で分かりやすい概念を明らかにして、これに焦点をあてようと努力してきたように思える。その回答は、法の支配と「高度の信頼」である。こうした立場に立つデービッド・ランデス、エリック・ジョーンズ、フランシス・フクヤマ、ロバート・パットナムなどの論者の主張は、次のようなものだといえる。すなわち、人々がいかに法の支配に従い、人間関係と共通の努力に高い信頼を置く準備ができているかが決定的に重要であり、こうした点は歴史と文化を十分に考慮したうえで、人間の集団的行動を理解することではじめて把握できる（Landes 1998; Jones 1981; Fukuyama 1996; Putnam 1993, 2000）。要するに、地域研究は市場と民主主義を基準とする通常の社会科学にほぼ統合されたが、そこに集約しきれない重要な部分は歴史に依拠して理解されるべきだということである（Putnam 1993; Inoguchi 2000b）。皮肉なことに、いま地域研究は制度的にも資金の面でも軽視されているが、一九四〇年代と一九五〇年代に米国人が構想した地域研究の課題は、未解決のままなのである。

2——国際関係論の起源

学問としての国際関係論が誕生したのは、欧州での第一次世界大戦終了後である。欧州のあらゆる有力知識人が、史上もっとも悲惨だったこの戦争の原因と結果を分析した。大半の知識人は歴史に軸足を置いて分析したが、F・H・ヒンズレー、マーティン・ワイト、E・H・カーといった論者はいずれも、欧州列強が長年にわたって抱いていた国際社会の概念が二〇世紀になってぐらついたこと、それが戦争の基本的原因になった可能性があることを主張した（Hinsley 1963; Wight 1991; Carr 1939; Bull 1977）。もっとも、学問としての国際関係論を本格的に発展させたのは米国人だった。二〇世紀初頭の米国の特徴だった理想主義と孤立主義を克服しつつ、一九四〇年代と一九五〇年代の米国では国際関係論の分野で古典となる著作が登場しはじめた。一九四〇年代には、現実主義と国際主義が外交問題に対する米国人の考え方の中心を占めるようになった。ハンス・モーゲンソー、ジョージ・リスカ、アーノルド・ウォルファーズなどが、その代表的論者である（Morgenthau 1959; Liska 1977; Wolfers 1962）。同時に一九四〇年代には国際関係論に関する行動科学的な、つまり体系的かつ経験的な検証が、クインシー・ライト、ハロルド・ラズウェルとその共同研究者などによって行われた（Wright 1942; Lasswell and Lerner 1980）。また地域研究は、もっとも広い意味での国際関係論のなかで重要な位置を占めるようになった。国際関係論は国家間の関係だけでなく、米国以外で発生するあらゆる事象を対象にしていた。全体として、一九五〇年代には米国人が国際関係論の中心を占めた（Hoffmann 1977）。ほとんどの知的潮流から研究が発表されるなかで、米国では行動科学の枠組みに基づく国際関係の新たな分析手法と、国際関係論に付随したいわゆる「地域研究」という新たな学問分野が発展した。米国研究者の支配的影響力をあらわしたのが、世界的に著名な *Foreign Affairs* と *World Politics* の創刊である。それぞれ政治を重視する主流派と学術的な主流派を代表した雑誌である。

3—地域研究と国際関係論の交錯

国際関係論のなかでの地域研究の位置づけは、常にあいまいだった。もっとも当初は単純で明快だった。支配的な米国の立場からみれば、米国以外の地域で発生することはすべて国際問題と定義され、そこには地域研究の諸課題も含まれていたと推測できる。だが国際関係論の研究が多様化し、また途上国を対象とする地域研究の課題の多くが比較政治学に取り込まれるようになったことで、一九六〇年代には国際関係論と地域研究が分離していくように思えた時期があった。国際関係論は各種の現実主義に焦点をあて、地域研究は途上国の政治に焦点をあてた。後者は当時、第三世界（アジア、アフリカ、中南米）の**政治発展論**と表現されていた。だが両学問の分離は短期間で終了する。国際関係論と政治発展論の論理を支えていた国家主権や近代化という基本的概念が、経済的相互依存や経済発展から政治発展への非直線的移行といった論理によって簡単に揺さぶられた。一九七〇年代から一九八〇年代になると、こうした論理はいっそう優勢になった。一九七〇年代以降、国家主権などに依拠した国際関係論の体系を動揺させた論理、すなわち経済的相互依存や非直線的な政治発展がきわめて強力になった結果、それらは国家主権、人民主権、主権の喪失といった伝統的概念と同じように、国際関係論を形成する概念として広く認められるようになった。こうして国際関係論は世界政治学と称されるようになり、国際政治、国内政治、地方政治、すべての脱国家的関係（トランスナショナル・リレーションズ）を対象とするようになった。その結果、国際関係論と地域研究の境界は再びあいまいになったのである（Baylis and Smith 2001 ; Held et al. 1999 ; George 1994）。

制度的にも地域研究と国際関係論の関係は曖昧である。地域研究が植民地を含む途上国の研究を意味し、国際関係論が米国以外で発生する外交問題の研究を意味していた時期には、両者の関係は問題にならなかった。一九四五年以前がそうした時期である。日本では両者の関係は重要な問題になっていない。国際関係論とは、だいたいにおいて日本以外で発生するすべての事象を対象にしており、地域研究とは先進国を含む外国の研究を意味している（Inoguchi and Bacon 2001）。地域研究は日本国際政治学会で重要な位置を占めている。地域研究と外交史は、会員数の点で国際政治理論とともに三大学術分野を形成している。大学院生の研修課程をみると、ある種の経路依存性のあることがすぐに分かる。第一に、社会科学を専攻してきた大学院生は国際関係論の諸理論に関する研究に集中する。第二に、歴史を専攻してきた大学院生は外交史に集中する。第三に、外国語を専攻してきた大学院生は地域研究に集中するのである。この三大研修科目を修了した大学院生は、いずれも国際政治学修了となるため、日本国際政治学会のなかで、この三つの学術分野の会員数はほぼ拮抗している。米国では、地域研究と国際関係論の両方とも完全に政治学部に属している。地域研究の学課の多くは消滅したかもしれないが、外国語学部と歴史学部では、個別地域に関する知識と研修が必要な政治学大学院生を対象に研修を行っている。国際関係論の研究は、たいてい政治学部で行われている。このため理論を重視する傾向のある米国の国際関係論の学生の大半は、構造的現実主義、構成主義、批判理論、行動科学といった国際関係論の諸理論に接している（Wæver 1998）。

独自性を売り物にする米国の雑誌について理解するため、各雑誌とそのテーマを紹介する。上述した *Foreign Affairs* と *World Politics* は、発行部数がきわめて多い。米国の外交問題に関連して、きわめて広範囲な課題を取り上げていることもその一因である。以上の二誌を別とすれば *International Organization* が、この分野でもっとも高く評価されている雑誌である。国際政治経済学に焦点をあて、理論をきわめて重視している。この雑誌は本質的に米国的である。*International Security* も評価の高い雑誌で、国際的安全保障に焦点をあてている。理論と政策の両方に重きを置いている。*International Studies Quarterly* は、米国の主要な国際政治学誌ではもっとも行動科学を重視しており、行動科学の専門的研修を積んだ多数の研究者が支持している。*Journal of Conflict Resolution* は、平和志向で行動科学的アプローチをとる雑誌として、もっとも高く評価されている。総合誌として心理学、数理理論、社会学、政治学、社会心理学をすべて取り入れている。*International Studies Review* は、国際関係論に関する批判的検証のための論考を中心にしており、学術分野を超えた総合的な内容を強調している。同誌の編集者は、この点が*International Organization*や*International Studies Quarterly*には不足していると考えている。

米国以外の雑誌では、*Review of International Studies, European Journal of International Relations, Journal of Peace Research, International Relations of the Asia-Pacific*が傑出している。*Review of International Studies*は、国際関係論の理論と歴史に焦点をあてている。理論、歴史、哲学を適切に組み合わせた編集になっている。*European Journal of International Relations*は、欧州と国際問題に関する理論的、哲学的分析を軸にしている。*Journal of Peace Research*は、平和志向の雑誌として高く評価されており、主として行動科学を志向している。*International Relations of the Asia-Pacific*は、アジア太平洋地域に焦点をあてた新しい雑誌である。現代の同地域の情勢と主体を、理論、歴史、政治の視点から取り上げている。

こうして主要な雑誌を比較していくと、国際関係論が様々な要素によって構成されていることがわかる。また地域研究の研究業績（単一の国を対象にしているか、または多国間の比較に焦点をあてているかを問わず）を掲載している雑誌は、きわめて多彩である。各国の政治学会（または類似団体）の機関誌もあれば、地域研究専門の雑誌もある。前者としては*American Political Science Review, American Journal of Political Science, British Journal of Political Science, European Journal of Political Research, Comparative Politics, Comparative Political Studies, Government and Opposition, Asian Journal of Political Science, Japanese Journal of Political Science*などがある。

国際関係論と地域研究に関連した主要な雑誌を一瞥《いちべつ》すると、上述したように地域研究と国際関係論が分離しているように思えるが、基本的な流れは「比較」と「グローバル」の方向にある（McDonnell

2000)。「比較」とは、個々の国を単独で取り上げるのではなく、複数の政治システムを徹底的に比較することだと理解できる。こうした流れは、地域研究のプログラムと資金が一貫して減少しているなかで米国社会科学研究評議会（SSRC）が促進したいと考えている動きと偶然にも一致する。「グローバル」な研究が目指しているのは、すべての政治学の分野を地球上での共生という大きな枠組みのなかで扱うことである。国内政治と国際政治との区別があいまい化するのは、不可避的な流れである。「地域研究」という語の裏側にある意味を理解すれば、安心してよい。米国人にとって、日本政治はまさに地域研究の課題であり、日本人にとっては米国政治は地域研究の課題そのものである。米国は地域研究のための資金を減らしているかもしれないが、他の国では自国政治に関する研究資金を増やしている場合もある。

地域研究は社会科学研究の重要な分野である。地域研究と国際関係論との関係は国によって様々である。日本などでは地域研究と国際関係論は多かれ少なかれ連携しており、場合によっては一体化している。米国などでは、地域研究と国際関係論は重なる部分のある学術分野とみられていない。

参考文献

欧文

Ackerman, Peter, and Christopher Kruegler. 1994. *Strategic Nonviolent Conflict: The Dynamics of People Power in the Twentieth Century*. Westport, Conn.: Praeger.

Alker, Hayward R. 1996. *Rediscoveries and Reformulations: Humanistic Methodologies for International Studies* (Cambridge Studies in International Relations, No. 41). New York: Cambridge University Press.

Alker, Hayward R., and Thomas J. Biersteker. 1984. "The Dialectics of World Order: Notes for a Future Archaeologist of International Savoir Faire." *International Studies Quarterly* 28 (2): 121-142.

Alker, Hayward, Tahir Amin, Thomas Biersteker, and Takashi Inoguchi. 1998. "How Should We Theorize Contemporary Macro-Encounters: In Terms of Superstates, World Orders or Civilizations?" Paper presented at the Third Pan-European International Relations Conference and Joint Meetings with the European Studies Association, Vienna, September 16-19.

Amin, Samir. 1974. *Accumulation on a World Scale: A Critique of the Theory of Underdevelopment*, translated by Brian Pearce. New York: Monthly Review Press.

Anderson, Benedict. 1991. *Imagined Communities: Reflections on the Origin and Spread of Nationalism*, rev. ed. London: Verso.〔ベネディクト・アンダーソン（白石さや・白石隆訳）。一九九七。『想像の共同体――ナショナリズムの起源と流行（増補版）』NTT出版。〕

APSA (American Political Science Association). 2000. "APSA Welcomes New Organized Sections." http://www.apsanet.org/new/sections.cfm, October 30.

Arthur, W. Brian. 1994. *Increasing Returns and Path Dependence in the Economy*. Ann Arbor: University of Michigan Press.〔W・ブライアン・アーサー（有賀裕二訳）。二〇〇三。『収益逓増と経路依存――複雑系の経済学』多賀出版。〕

Attali, Jacques. 1990. *Lignes d'horizon.* Paris : Fayard.

Axelrod, Robert, ed. 1976. *The Structure of Decision : The Cognitive Maps of Political Elites.* Princeton : Princeton University Press.

Barber, Benjamin R. 1995. *Jihad vs. McWorld.* New York : Times Books. [ベンジャミン・バーバー（鈴木主税訳）。一九九七。『ジハード対マックワールド——市民社会の夢は終わったのか』三田出版会。]

Bau, Tzeng-ho et al. 1994. *Survey of Manpower Distribution in the Discipline of Political Science.* Project Serial Number NSC 83-0131-H-002-014 Taipei, Taiwan : National Science Council.

Baylis, John, and Steve Smith, eds. 2001. *The Globalization of World Politics : An Introduction to International Relations,* 2nd ed. Oxford : Oxford University Press.

Bell, Daniel. 1996. *The Cultural Contradictions of Capitalism,* rev. ed. New York : Basic Books. [ダニエル・ベル（林雄二郎訳）。一九七六—一九七七。『資本主義の文化的矛盾』講談社学術文庫。]

Berger, Peter L., and Samuel P. Huntington, eds. 2002. *Many Globalizations : Cultural Diversity in the Contemporary World.* New York : Oxford University Press.

Bergsten, C. Fred. 1975. *The Dilemmas of the Dollar : The Economics and Politics of United States International Monetary Policy.* New York : New York University Press.

Bienefeld, Manfred. 1996. "Is a Strong National Economy a Utopian Goal at the End of the Twentieth Century ?" In Robert Boyer and Daniel Drache, eds. *States against Markets : The Limits of Globalization,* 415-440. London : Routledge.

Biersteker, Thomas J., and Cynthia Weber, eds. 1996. *State Sovereignty as Social Construct.* Cambridge : Cambridge University Press.

Block, Fred L. 1977. *The Origins of International Economic Disorder : A Study of United States International Monetary Policy from World War II to the Present.* Berkeley : University of California Press.

Bobrow, Davis B., and Mark A. Boyer. 2005. *Defensive Internationalism : Providing Public Goods in an Uncertain World.* Ann Arbor : University of Michigan Press.

Bolton, John. 2000. "Should We Take Global Governance Seriously ?" *Chicago Journal of International Law* 1 (Fall): 205-221.

Booth, Ken, and Steve Smith, eds. 1995. *International Relations Theory Today*. University Park : Pennsylvania State University Press.

Boserup, Anders, and Andrew Mack. 1974. *War without Weapons : Non-violence in National Defence*. London : Pinter.

Boyer, Robert. 1990. *The Regulation School : A Critical Introduction,* translated by Craig Charney. New York : Columbia University Press.

Brodie, Bernard, ed. 1946. *The Absolute Weapon : Atomic Power and World Order*. New York : Ayer Company Publications.

Brzezinski, Zbigniew K. 1997. *The Grand Chessboard : The American Primacy and Its Geostrategic Imperatives*. New York : Basic Books. [Z・ブレジンスキー（山岡洋一訳)。一九九八。『ブレジンスキーの世界はこう動く――二一世紀の地政戦略ゲーム』日本経済新聞社。]

Bull, Hedley. 1977. *The Anarchical Society : A Study of Order in World Politics*. London : Macmillan. [ヘドリー・ブル（臼杵英一訳)。二〇〇〇。『国際社会論――アナーキカル・ソサイエティ』岩波書店。]

Bull, Hedley, Benedict Kingsbury, and Adam Roberts, eds. 1990. *Hugo Grotius and International Relations*. Oxford : Clarendon Press.

Buruma, Ian. 2003. *Inventing Japan, 1853-1964* (Modern Library Chronicles). New York : Modern Library. [イアン・ブルマ（小林朋則訳)。二〇〇六。『近代日本の誕生』ランダムハウス講談社。]

Buzan, Barry. 2004. *From International to World Society ? English School Theory and the Social Structure of Globalisation*. Cambridge : Cambridge University Press.

Carr, E. H. 1939. *The Twenty Years' Crisis, 1919-1939 : An Introduction to the Study of International Relations*. London : Macmillan. [E・H・カー（井上茂訳)。一九九六。『危機の二十年　一九一九―一九三九』岩波文庫。]

Chamberlain, Muriel E. 1988. *'Pax Britannica' ? British*

Foreign Policy, 1789–1914. London: Longman.

Chandler, David. 2006. *From Kosovo to Kabul and Beyond: Human Rights and International Intervention*. London: Pluto Press.

Cipolla, Carlo, ed. 1972–1976. *The Fontana Economic History of Europe*, 9 vols. London: Collins.

Connors, Lesley. 2003. "Eastern Horizons of the Art and Science of Governing." *Times Higher Education Supplement*, 24 October.

Cooper, Robert. 2003. *The Breaking of Nations: Order and Chaos in the Twenty-First Century*. London: Atlantic Books.

Cox, Michael, G. John Ikenberry, and Takashi Inoguchi, eds. 2000. *American Democracy Promotion: Impulses, Strategies, and Impacts*. Oxford: Oxford University Press. [猪口孝、マイケル・コックス、G・ジョン・アイケンベリー編。二〇〇六。『アメリカによる民主主義の推進——なぜその理念にこだわるのか』ミネルヴァ書房。]

Dallmayr, Fred. 1998. *Alternative Visions: Paths in the Global Village*. Lanham, Md.: Rowman & Littlefield.

David, Saul. 2003. *The Indian Mutiny: 1857*. London: Penguin Books.

Dehaeme, Stanislas, Jean-René Duhamel, Marc D. Hauser, and Giacomo Rozzolatti, eds. 2005. *From Monkey Brain to Human Brain: A Fyssen Foundation Symposium*. Cambridge, Mass.: MIT Press.

Der Derian, James, and Michael J. Shapiro. 1989. *International/Intertextual Relations: Postmodern Readings of World Politics* (Issues in World Politics). Lexington, Mass.: Lexington Books.

Deudney, Daniel. 1996. "Binding Sovereigns: Authorities, Structures and Geopolitics in Philadelphian Systems." In Thomas J. Biersteker and Cynthia Weber, eds. *State Sovereignty as Social Contract*, 190–239. Cambridge: Cambridge University Press.

——. 2006. *Bounding Power: Republican Security Theory from the Polis to the Global Village*. Princeton: Princeton University Press.

Diamond, Jared. 1999. *Guns, Germs, and Steel: The Fates of*

Human Societies. New York : W. W. Norton. [ジャレド・ダイアモンド（倉骨彰訳）。二〇〇〇。『銃・病原菌・鉄——一万三〇〇〇年にわたる人類史の謎』草思社。]

Doyle, Michael W. 1986. "Liberalism and World Politics." *American Political Science Review* 80 : 1151-1169.

——. 1997. *Ways of War and Peace : Realism, Liberalism, and Socialism.* New York : W. W. Norton.

Eckstein, Alexander, ed. 1971. *Comparison of Economic Systems : Theoretical and Methodological Approaches.* Berkeley : University of California Press.

Eckstein, Harry, and David E. Apter, eds. 1963. *Comparative Politics : A Reader.* New York : Free Press.

Enloe, Cynthia. 1993. *The Morning After : Sexual Politics at the End of the Cold War.* Berkeley : University of California Press. [シンシア・エンロー（池田悦子訳）。一九九九。『戦争の翌朝——ポスト冷戦時代をジェンダーで読む』緑風出版。]

Esping-Andersen, Gøsta. 1985. *Politics against Markets : The Social Democratic Road to Power.* Princeton : Princeton University Press.

Fall, Bernard B. 1967. *Hell in a Very Small Place : The Siege of Dien Bien Phu.* New York : Da Capo Press.

Foreign Policy. 2005. "The Failed States Index." *Foreign Policy,* July/August.

Frank, Andre Gunder. 1998. *Reorient : Global Economy in the Asian Age.* Berkeley : University of California Press. [アンドレ・グンダー・フランク（山下範久訳）。二〇〇〇。『リオリエント——アジア時代のグローバル・エコノミー』藤原書店。]

Freedman, Lawrence, ed. 2002. *Superterrorism : Policy Responses* (Political Quarterly Special Issues). Oxford : Blackwell.

Fromkin, David. 1999. *Kosovo Crossing : American Ideals Meet Reality on the Balkan Battlefields.* New York : Free Press.

Fukuyama, Francis. 1992. *The End of History and the Last Man.* New York : Free Press. [フランシス・フクヤマ（渡部昇一訳・特別解説）。二〇〇五。『歴史の終わり（新装新版）』三笠書房。]

——. 1996. *Trust : The Social Virtues and the Creation of*

Prosperity. New York: Free Press.〔フランシス・フクヤマ（加藤寛訳）。一九九六。『「信」無くば立たず』三笠書房。〕

Gaddis, John Lewis. 1987. *The Long Peace: Inquiries into the History of the Cold War*. Oxford: Oxford University Press.〔ジョン・L・ギャディス（五味俊樹他訳）。二〇〇二。『ロング・ピース――冷戦史の証言「核・緊張・平和」』芦書房。〕

——. 2005. *Strategies of Containment: A Critical Appraisal of American National Security Policy during the Cold War*, revised and expanded ed. Oxford: Oxford University Press.

Gallagher, John, and Ronald Robinson. 1953. "The Imperialism of Free Trade." *The Economic History Review*, Second series, 6 (1): 1-15.

Galtung, Johan. 1996. *Peace by Peaceful Means: Peace and Conflict, Development and Civilization*. London: Sage.

George, Jim. 1994. *Discourses of Global Politics: A Critical (Re) Introduction to International Relations*. Boulder, Colo.: Lynne Rienner.

Gerschenkron, Alexander. 1962. *Economic Backwardness in Historical Perspective: A Book of Essays*. Cambridge: Belknap Press of Harvard University Press.〔アレクサンダー・ガーシェンクロン（絵所秀紀・雨宮昭彦・峯陽一・鈴木義一訳）。二〇〇五。『後発工業国の経済史――キャッチアップ型工業化論』ミネルヴァ書房。〕

——. 1989. *Bread and Democracy in Germany*. Ithaca: Cornell University Press.

Gilpin, Robert. 1981. *War and Change in World Politics*. Cambridge: Cambridge University Press.

Goldsmith, Benjamin E., Yusaku Horiuchi, and Takashi Inoguchi. 2005. "American Foreign Policy and Global Opinion: Who Supported the War in Afghanistan?" *Journal of Conflict Resolution* 49 (3) (June): 408-429.

Goldstein, Joshua S. 1988. *Long Cycles: Prosperity and War in the Modern Age*. New Haven: Yale University Press.〔（抄訳）J・S・ゴールドスティン（岡田光正訳）。一九九七。『世界システムと長期波動論争』世界書院。〕

——. 2001. *War and Gender: How Gender Shapes the War*

System and Vice Versa. New York : Cambridge University Press.

——. 2006. *International Relations,* 7th ed. New York : Pearson Longman.

Goto-Jones, Christopher S. 2005. *Political Philosophy in Japan : Nishida, the Kyoto School and Co-prosperity.* London : Routledge.

Gourevitch, Peter. 1978. "The Second Image Reversed : The International Sources of Domestic Politics." *International Organization* 32 (4) : 881-912.

Graham, Gerald S. 1965. *The Politics of Naval Supremacy : Studies in British Maritime Ascendancy.* Cambridge : Cambridge University Press.

Hall, Robert. 1948. *Area Studies : With Special Reference to Their Implications for Research in the Social Sciences.* New York : Committee on World Area Research Program, Social Science Research Council.

Halliday, Fred. 2006. "Terrorism and Delusion." *openDemocracy,* April 12.

Held, David. 1995. *Democracy and the Global Order : From the Modern State to Cosmopolitan Governance.* Cambridge : Polity Press. [デヴィッド・ヘルド（佐々木寛・遠藤誠治・小林誠・土井美徳・山田竜作訳）。二〇〇二。『デモクラシーと世界秩序――地球市民の政治学』NTT出版。]

Held, David, et al. 1999. *Global Transformations : Politics, Economics and Culture.* Cambridge : Polity Press.

Herring, George C. 1979. *America's Longest War : The United States and Vietnam, 1950-1975.* New York : Wiley. [ジョージ・C・ヘリング（秋谷昌平訳）。一九八五。『アメリカの最も長い戦争』講談社。]

Hinsley, F. H. 1963. *Power and the Pursuit of Peace : Theory and Practice in the History of Relations between States.* Cambridge : Cambridge University Press.

Hitchcock, William I. 2003. *The Struggle for Europe : The Turbulent History of a Divided Continent 1945-2002.* New York : Doubleday.

Hoffmann, Stanley. 1977. "An American Social Science : International Relations." *Daedalus* 106 (3) : 41-60.

Holohan, Anne. 2005. *Networks of Democracy : Lessons from*

Kosovo for Afghanistan, Iraq and Beyond. Stanford: Stanford University Press.

Horne, Alistair. 2006. *A Savage War of Peace: Algeria 1954-1962.* New York: NYRB Classics. ［アリステア・ホーン（北村美都穂訳）。一九九四。『サハラの砂、オーレスの石――アルジェリア独立革命史』第三書館。］

Human Security Centre. 2005. *Human Security Report 2005.* New York: Oxford University Press.

Huntington, Samuel P. 1991. *The Third Wave: Democratization in the Late Twentieth Century.* Norman: University of Oklahoma Press. ［S・P・ハンチントン（坪郷實・中道寿一・藪野祐三訳）。一九九五。『第三の波――二〇世紀後半の民主化』三嶺書房。］

――. 1996. *The Clash of Civilizations and the Remaking of World Order.* New York: Simon & Schuster. ［サミュエル・ハンチントン（鈴木主税訳）。一九九八。『文明の衝突』集英社。］

IFRCRCS (International Federation of Red Cross and Red Crescent Societies). 1998. *World Disasters Report 1997.* Oxford: Oxford University Press. ［国際赤十字・赤新月社連盟。一九九八。『世界災害報告　一九九七年版』。］

Ignatius, David. 1999. "Look Out, The Older Social Structures Are Cracking." *International Herald Tribune,* May 25: 8.

Ikegami, Eiko. 1995. *The Taming of the Samurai: Honorific Individualism and the Making of Modern Japan.* Cambridge: Harvard University Press. ［池上英子（森本醇訳）。二〇〇〇。『名誉と順応――サムライ精神の歴史社会学』NTT出版。］

Ikenberry, G. John. 2001. *After Victory: Institutions, Strategic Restraint, and the Rebuilding of Order after Major Wars.* Princeton: Princeton University Press. ［G・ジョン・アイケンベリー（鈴木康雄訳）。二〇〇四。『アフター・ヴィクトリー――戦後構築の論理と行動』NTT出版。］

Imai, Kosuke. 2005. "Do Get-Out-the-Vote Calls Reduce Turnout? The Importance of Statistical Methods for Field Experiments." *American Political Science Review* 99 (2) (May): 283-300.

Inoguchi, Kuniko. 1982. "Third World Responses to OPEC: The External Dimension." In Harold K. Jacobson and Dujan Sidjanski, eds. *The Emerging International Economic Order: Dynamic Processes, Constraints, and Opportunities*, 171-206. London: Sage.

Inoguchi, Takashi. 1989. "The Study of International Relations in Japan." In Hugh Dyer and Leon Managasarian, eds. *The Study of International Relations: The State of the Art*, 250-264. London: Macmillan.

——. 1999a. "Peering into the Future by Looking Back: The Westphalian, Philadelphian and Anti-Utopian Paradigms." *International Studies Review* 2 (2): 173-192.

——. 1999b. "Democracy and the Development of Political Science in Japan." In David Easton, John Gunnel, and Michael Stein, eds. *Regime and Discipline: Democracy and Development of Political Science*. Ann Arbor: University of Michigan Press.

——. 2000a. "Three Frameworks in Search of a Policy: U. S. Democracy Promotion in Asia Pacific." In Michael Cox, G. John Ikenberry, and Takashi Inoguchi, eds. *American Democracy Promotion: Impulses, Strategies and Impacts*. Oxford: Oxford University Press.

——. 2000b. "Social Capital in Japan." *Japanese Journal of Political Science* 1 (1): 73-112.

——. 2001. *Global Change: A Japanese Perspective*. Basingstoke: Palgrave.

——. 2002. "Broadening the Basis of Social Capital in Japan." In Robert Putnam, ed. *Democracies in Flux*, 358-392. New York: Oxford University Press.

——. 2003. "Political Science in Three Democracies: Disaffected (Japan), Third Wave (Korea), and Fledging (China)." Paper prepared for presentation at the World Congress of International Political Science Association, Durban, South Africa, June 28-July 4.

——. 2004. "Three Japanese Scenarios for the Third Millennium." In Immanuel Wallerstein and Armand Clesse, eds. *The World We Are Entering 2000-2050*, 189-202. Amsterdam: Dutch University Press.

——. 2005a. "Japanese Political Science Looks Forward 2006." *Participation: Newsletter of the International*

Political Science Association 26 (3): 17-20.

——. 2005b. "Japan's Ambition for Normal Statehood." In Jorge Dominguez and Byung-Kook Kim, eds. *Between Compliance and Conflict : East Asia, Latin America and the "New" Pax Americana,* 135-164. London : Routledge.

——. 2005c. "Three Modes of Ordering amidst Globalization." In David Held, ed. *Debating Globalization,* 112-117. Cambridge : Polity Press.

——. 2007. "How to Assess World War II in World History : One Japanese Perspective." In David Koh Wee Hock, ed. *Legacies of World War II in South and East Asia,* 138-151. Singapore : Institute of Southeast Asian Studies.

Inoguchi, Takashi, and Paul Bacon. 2001. "The Study of International Relations in Japan : Towards a More International Discipline." *International Relations of the Asia-Pacific* 1 (1): 1-20.

Inoguchi, Takashi, and Matthew Carlson, eds. 2006. *Governance and Democracy in Asia.* Melbourne : Trans Pacific Press.

Iriye, Akira. 2002. *Global Community : The Role of International Organizations in the Making of the Contemporary World.* Berkeley : University of California Press. ［入江昭（篠原初枝訳）。二〇〇六。『グローバル・コミュニティ――国際機関・NGOがつくる世界』早稲田大学出版部。］

Jacobson, Harold K., and Edith B. Weiss. 1995. "Strengthening Compliance with International Environmental Accords : Preliminary Observations from a Collaborative Project." *Global Governance* 1 : 119-148.

Jennings, Francis. 1975. *The Invasion of America : Indians, Colonialism, and the Cant of Conquest.* New York : Norton.

Jones, E. L. 1981. *The European Miracle : Environments, Economies, and Geopolitics in the History of Europe and Asia.* Cambridge : Cambridge University Press. ［E・L・ジョーンズ（安元稔・脇村孝平訳）。二〇〇〇。『ヨーロッパの奇跡――環境・経済・地政の比較史』名古屋大学出版会。］

Kagan, Robert. 2003. *Of Paradise and Power : America and Europe in the New World Order.* New York : Knopf. ［ロバート・ケーガン（山岡洋一訳）。二〇〇三。『ネオコン

の論理——アメリカ新保守主義の世界戦略』光文社。]

Kaplan, Morton. 1957. *System and Process in International Politics*. New York : John Wiley.

Kaplan, Robert. 1996. *The Ends of the Earth : A Journey at the Dawn of the 21st Century*. New York : Random House.

Katada, Saori, Hanns Maull, and Takashi Inoguchi, eds. 2004. *Global Governance : Germany and Japan in the International System*. London : Ashgate.

Katzenstein, Peter J., Robert O. Keohane, and Stephen D. Kranser, eds. 1999. *Exploration and Contestation in the Study of World Politics*. Cambridge : MIT Press.

Keane, John. 1998. "The Philadelphian Model." In Takashi Inoguchi, Edward Newman, and John Keane, eds. *The Changing Nature of Democracy*, 231-243. Tokyo and New York : United Nations University Press.

Kennedy, Paul. 1980. *The Rise of the Anglo-German Antagonism, 1860-1914*. London : George Allen & Unwin.

Keohane, Robert O. 1984. *After Hegemony : Cooperation and Discord in the World Political Economy*. Princeton : Princeton University Press. [ロバート・コヘイン（石黒馨・小林誠訳）。一九九八。『覇権後の国際政治経済学』晃洋書房。]

Kesselman, Mark, Joel Krieger, and William Joseph. 1999. *Introduction to Comparative Politics : Political Challenges and Changing Agendas*, 2nd ed. Boston : Houghton Mifflin.

Kim, Byung-Kook. 2005. "To Have a Cake and Eat It Too : The Crisis of Pax Americana in Korea." In Jorge Dominguez and Byung-Kook Kim, eds. *Between Compliance and Conflict : East Asia, Latin America and the "New" Pax Americana*, 219-250. London : Routledge.

Kim, Quaile Hill, and Tetsuya Matsubayashi. 2005. "Civic Engagement and Mass-Elite Policy Agenda Agreement in American Communities." *American Political Science Review* 99 (2) (May) : 215-224.

King, Gary, Robert O. Keohane, and Sidney Verba. 1994. *Designing Social Inquiry : Scientific Inference in Qualitative Research*. Princeton, N. J. : Princeton University Press. [G・キング、R・O・コヘイン、S・ヴァー

バ（真渕勝監訳）。二〇〇四。『社会科学のリサーチ・デザイン——定性的研究における科学的推論』勁草書房。〕

Kissinger, Henry A. 1957. *A World Restored: Metternich, Castlereagh and the Problems of Peace, 1812–22.* London: Weidenfeld & Nicholson.〔ヘンリー・キッシンジャー（伊藤幸雄訳）。一九七六。『回復された世界平和』原書房。〕

——. 1994. *Diplomacy.* New York: Simon & Schuster.〔ヘンリー・A・キッシンジャー（岡崎久彦監訳）。一九九六。『外交』日本経済新聞社。〕

——. 2002. *Does America Need a Foreign Policy? Toward a Diplomacy for the 21st Century.* New York: Simon & Schuster.

Krasner, Stephen D. 1993. "Westphalia and All That." In Judith Goldstein and Robert O. Keohane, eds. *Ideas and Foreign Policy: Beliefs, Institutions and Political Change,* 235–264. Ithaca: Cornell University Press.

Krugman, Paul. 1993. "The Myth of Asia's Miracle." *Foreign Affairs* 73 (6) (November/December): 62–78.

Landes, David S. 1998. *The Wealth and Poverty of Nations: Why Some Are So Rich and Some So Poor.* New York: W. W. Norton.〔D・S・ランデス（竹中平蔵訳）。二〇〇〇。『「強国」論——富と覇権（パワー）の世界史』三笠書房。〕

Lasswell, Harold D., and Daniel Lerner, eds. 1980. *World Revolutionary Elites: Studies in Coercive Ideological Movements.* Westport, Conn.: Greenwood Press.

Latham, Michel E. 2000. *Modernization as Ideology: American Social Science and "Nation Building" in The Kennedy Era.* Chapel Hill: University of North Carolina Press.

Lewis, Bernard. 1967. *Assassins: A Radical Sect in Islam.* London: Weidenfeld & Nicholson.

Linklater, Andrew. 1998. *The Transformation of Political Community: Ethical Foundations of the Post-Westphalian Era.* Columbia: University of South Carolina Press.

Lipset, Seymour Martin. 1981. *Political Man: The Social Basis of Politics,* expanded ed. Baltimore: Johns Hopkins University Press.〔S・M・リプセット（内山秀夫訳）。

一九六三。『政治のなかの人間――ポリティカル・マン』東京創元新社。〕

――. 1996. *American Exceptionalism*. New York: W. W. Norton. 〔シーモア・M・リプセット（上坂昇・金重紘訳）。一九九九。『アメリカ例外論――日欧とも異質な超大国の論理とは』明石書店。〕

Liska, George. 1977. *Quest for Equilibrium : America and the Balance of Power on Land and Sea*. Baltimore: Johns Hopkins University Press.

Mandelbaum, Michael. 2005. *The Case for Goliath : How America acts as the World's Government in the Twenty-First Century*. New York : Public Affairs.

Mann, Michael. 2003. *Incoherent Empire*. London: Verso. 〔マイケル・マン（岡本至訳）。二〇〇四。『論理なき帝国』NTT出版。〕

Marr, David. 1995. *Vietnam 1945 : The Quest for Power*. Berkeley : University of California Press.

Martin, Bradley. 2005. *Under the Loving Care of the Fatherly Leader : North Korea and the Kim Dynasty*. New York : St. Martin's Press. 〔ブラッドレー・マーティン（朝倉和子訳）。二〇〇七。『北朝鮮「偉大な愛」の幻』青灯社。〕

Mazower, Mark. 1999. *Dark Continent : Europe's Twentieth Century*. New York : Alfred A. Knopf.

McDonnell, Mary. 2000. "Critical Forces Shaping Social Science Research in the 21st Century." Paper presented at the seminar on Collaboration and Comparison : Implementing Social Science Research Enterprise, Tokyo, Keio University, March 30, jointly sponsored by the Social Science Research Council and the Center for Global Partnership.

McNeill, William H. 1992. *The Global Condition : Conquerors, Catastrophes, and Community*. Princeton : Princeton University Press.

Moon, Chung-In, and Chae-Sung Chun. 2003. "Sovereignty : Dominance of the Westphalian Concept and Implications for Regional Security." In Muthiah Alagappa, ed. *Asian Security Order*, 106–137. Stanford : Stanford University Press.

Morgenthau, Hans J. 1959. *Politics among Nations*, 2nd

enlarged ed. New York : Knopf.〔モーゲンソー（現代平和研究会訳）。一九九八。『国際政治――権力と平和（新装版）』福村出版。〕

Mueller, John E. 1989. *Retreat from Doomsday : The Obsolescence of Major War.* New York : Basic Books.

――. 2004. *Remnants of War.* Ithaca : Cornell University Press.

Murdoch, George Peter. 1981. *Atlas of World Cultures.* Pittsburgh : University of Pittsburgh Press.

Nye, Joseph S., Jr. 2004. *Soft Power : The Means to Success in World Politics.* New York : Public Affairs.〔ジョセフ・S・ナイ（山岡洋一訳）。二〇〇四。『ソフト・パワー――二一世紀国際政治を制する見えざる力』日本経済新聞社。〕

O'Brien, Richard. 1992. *Global Financial Integration : The End of Geography.* London : Pinter.

Ohmae, Kenichi. 1995. *The End of the Nation State.* New York : Free Press.〔大前研一（山岡洋一・仁平和夫訳）。一九九五。『地域国家論――新しい繁栄を求めて』講談社。〕

Onuf, Nicholas Greenwood. 1998. *The Republican Legacy in International Thought.* Cambridge, U. K.: Cambridge University Press.

Oren, Ido. 2003. *Our Enemies and US : America's Rivalries and the Making of Political Science.* Ithaca Cornell University Press.

Packenham, Robert A. 1973. *Liberal America and the Third World : Political Development Ideas in Foreign Aid and Social Science.* Princeton : Princeton University Press.

Park, Sang-Sup, and Young-Sum Ha. 1995. "Trends in International Relations in the United States and Present Status of International Studies in South Korea." *Korean Journal of International Studies* 35 (1).

Pettman, Ralph. 2004. *Reason, Culture, Religion : The Metaphysics of World Politics.* New York : Palgrave Macmillan.

Prestowitz, Clyde. 2006. *Three Billion NEW Capitalists : The Great Shift of Wealth and Power to the East.* New York : Basic Books.

Putnam, Robert D. 1993. *Making Democracy Work : Civic*

Traditions in Modern Italy. Princeton : Princeton University Press.〔ロバート・D・パットナム（河田潤一訳）。二〇〇一。『哲学する民主主義――伝統と改革の市民的構造』NTT出版。〕

――. 2000. *Bowling Alone : The Collapse and Revival of American Community*. New York : Simon & Schuster.〔ロバート・D・パットナム（柴内康文訳）。二〇〇六。『孤独なボウリング――米国コミュニティの崩壊と再生』柏書房。〕

Reich, Robert B. 1991. *The Work of Nations : Preparing Ourselves for 21st-Century Capitalism*. New York : Knopf.〔ロバート・B・ライシュ（中谷巌訳）。一九九一。『ザ・ワーク・オブ・ネーションズ――二一世紀資本主義のイメージ』ダイヤモンド社。〕

Rizzolatti, Giacomo, and M. A. Arbib. 1998. "Language within Our Grasp." *Trends in Neuroscience* 21 : 188-194.

Roberts, Adam. 2002. "The Changing Faces of Terrorism." Available at http://www.bbc.co.uk/history/recent/sept_11/changing_faces_01.shtml.

Romer, Paul. 1990. "Endogenous Technical Change." *Journal of Political Economy* 102 : 71-102.

Rose, Richard, and Doh Chull Shin. 2001. "Democratization Backwards : The Problem of Third-Wave Democracies." *British Journal of Political Science* 31 (2) : 331-354.

Rosenau, James N. 2003. *Distant Proximities : Dynamics beyond Globalization*. Princeton : Princeton University Press.

Rossabi, Morris. 1981. *China among Equals : The Middle Kingdom and Its Neighbors, 10th-14th Centuries*. Princeton : Princeton University Press.

Rostow, W. W. 1960. *The Stages of Economic Growth : A Non-Communist Manifesto*. Cambridge : Cambridge University Press.〔W・W・ロストウ（木村健康・久保まち子・村上泰亮訳）。一九七四。『経済成長の諸段階――一つの非共産主義宣言（増補版）』ダイヤモンド社。〕

Russett, Bruce. 1993. *Grasping the Democratic Peace : Principles for a Post-Cold War World*. Princeton : Princeton University Press.〔ブルース・ラセット（鴨武彦訳）。一九九六。『パクス・デモクラティア――冷戦後世界への原理』東京大学出版会。〕

Russett, Bruce, Barry O'Neill, and James Sutterlin. 1996. "Breaking the Security Council Restructuring Log Jam." *Global Governance* 2 (1) (Jan.-Apr.): 65-80.

Russett, Bruce, Harvey Starr, and David Kinsella. 2004. *World Politics: The Menu for Choice*, 7th ed. Belmont: Wadsworth/Thomas Learning.［ブルース・ラセット、ハーヴェイ・スター、デヴィッド・キンセラ（小野直樹・石川卓・高杉忠明訳）。二〇〇二。『世界政治の分析手法』論創社。］

Sachs, Jeffrey, and Felipe Larrain. 1993. *Macroeconomics in the Global Economy*. Englewood Cliffs, N. J.: Prentice Hall.［ジェフリー・サックス、フィリップ・ラレーン（石井菜穂子・伊藤隆敏訳）。一九九六。『マクロエコノミクス』日本評論社。］

Sagan, Scott D., and Kenneth N. Waltz. 2003. *The Spread of Nuclear Weapons: A Debate Renewed*, 2nd ed. New York: W. W. Norton.

Scholtz, Leopold. 2005. *Why the Boers Lost the War*. New York: Palgrave Macmillan.

Schwartz, Frank J., and Susan J. Pharr, eds. 2003. *The State of Civil Society in Japan*. Cambridge: Cambridge University Press.

Schweller, Randall. 1998. "New Realist Research on Alliances: Refining, Not Refuting, Waltz's Balancing Proposition." *American Political Science Review* 91 (4) (December): 927-935.

Scruton, Roger. 2001. *Kant: A Very Short Introduction*. Oxford: Oxford University Press.

Sen, Amartya. 1981. *Poverty and Famines: An Essay on Entitlement and Deprivation*. Oxford: Clarendon Press.［アマルティア・セン（黒崎卓・山崎幸治訳）。二〇〇〇。『貧困と飢饉』岩波書店。］

Sharp, Gene. 1979. *Gandhi as a Political Strategist: With Essays on Ethics and Politics*. Boston: Porter Sargent.

——. 1990. *The Role of Power in Nonviolent Struggle*. Boston: The Albert Einstein Institution.

Short, Philip. 1999. *Mao: A Life*. New York: Owl Books.

Singer, J. David, and Melvin Small. 1972. *The Wages of War, 1816-1965: A Statistical Handbook*. New York: Wiley & Sons.

Slaughter, Anne-Marie. 2005. *A New World Order*. Princeton : Princeton University Press.

Smelser, Neil J., and Paul B. Baltes. 2001. *International Encyclopedia of the Social and Behavioral Sciences*, 26 vols. Oxford : Elsevier Science.

Smith, Anthony D. 2001. *Nationalism : Theory, Ideology, History*. Cambridge : Polity Press.

Smith, Tony. 1994. *America's Mission : The United States and the Worldwide Struggle for Democracy in the Twentieth Century*. Princeton : Princeton University Press.

Speer, Albert. 1969. *Erinnerungen*. Berlin : Proplyaen Verlag.

Spruyt, Hendrik. 1994. *The Sovereign State and Its Competitors*. Princeton : Princeton University Press.

Strange, Susan. 1976. *International Monetary Relations*. Oxford : Oxford University Press.

——. 1996. *The Retreat of the State : The Diffusion of Power in the World Economy*. New York : Cambridge University Press. ［スーザン・ストレンジ（櫻井公人訳）。一九九八。『国家の退場――グローバル経済の新しい主役たち』岩波書店。］

——. 1998. *Mad Money : When Markets Outgrow Governments*. Ann Arbor : University of Michigan Press. ［スーザン・ストレンジ（櫻井公人・櫻井純理・高嶋正晴訳）。一九九九。『マッド・マネー――世紀末のカジノ資本主義』岩波書店。］

Taylor, A. J. P. 1948. *The Habsburg Monarchy 1809-1918*, new ed. London : H. Hamilton. ［A・J・P・テイラー（倉田稔訳）。一九八七。『ハプスブルク帝国　一八〇九―一九一八――オーストリア帝国とオーストリア＝ハンガリーの歴史』筑摩書房。］

——. 1965. *English History, 1914-1945*. Harmondsworth : Pelican. ［A・J・P・テイラー（都築忠七訳）。一九八七。『イギリス現代史　一九一四―一九四五（新装版）』みすず書房。］

Thornton, Rod. 2000. "The Role of Peace Support Operations Doctrine in the British Army." *International Peacekeeping* 7 (2) : 41-62.

Thornton, Russell. 1987. *American Indian Holocaust and Survival : A Population History since 1492*. Norman :

University of Oklahoma Press.
Thurow, Lester C. 1997. *The Future of Capitalism: How Today's Economic Forces Shape Tomorrow's World.* London: Penguin Books.［レスター・C・サロー（山岡洋一・仁平和夫訳）。一九九六。『資本主義の未来』TBSブリタニカ。］
Tickner, J. Ann. 2001. *Gendering World Politics: Issues and Approaches in the Post-Cold War Era.* New York: Columbia University Press.
UNHCR (United Nations High Commissioner for Refugees). 1998. *The State of the World's Refugees.* Oxford: Oxford University Press.
United Nations. 2006. "United Nations Member States." http://www.un.org/members/list.shtml.
van Creveld, Martin. 1991. *The Transformation of War.* New York: Free Press.
Wade, Robert. 1990. *Governing the Market: Economic Theory and the Role of Government in East Asian Industrialization.* Princeton: Princeton University Press.［ロバート・ウェード（長尾伸一・畑島宏之・藤縄徹・藤縄純子訳）。二〇〇〇。『東アジア資本主義の政治経済学——輸出立国と市場誘動政策』同文舘出版。］
Wæver, Ole. 1998. "The Sociology of a Not So International Discipline: American and European Developments in International Relations." *International Organization* 52 (4): 687-727.
Wallerstein, Immanuel. 1974-1980. *The Modern World System,* vols. 1 and 2. New York: Academic Press.［I・ウォーラーステイン（川北稔訳）。一九八一。『近代世界システム——農業資本主義と「ヨーロッパ世界経済」の成立』岩波書店；一九八三。『近代世界システム——重商主義と「ヨーロッパ世界経済」の凝集　一六〇〇～一七五〇』名古屋大学出版会。］
——. 1991. *Geopolitics and Geoculture: Essays on the Changing World-System.* Cambridge: Cambridge University Press.［I・ウォーラーステイン（丸山勝訳）。一九九一。『ポスト・アメリカ——世界システムにおける地政学と地政文化』藤原書店。］
——. 1995. *After Liberalism.* New York: New Press.［I・ウォーラーステイン（松岡利道訳）。二〇〇〇。『アフ

ター・リベラリズム――近代世界システムを支えたイデオロギーの終焉（新版）』藤原書店。〕

Walt, Stephen. 1987. *The Origins of Alliances.* Ithaca: Cornell University Press.

――. 1998. "International Relations: One World, Many Theories." *Foreign Policy* 110 (Spring): 29-46.

Waltz, Kenneth N. 1959. *Man, the State and War: A Theoretical Analysis.* New York: Columbia University Press.

――. 1979. *Theory of International Politics.* Reading, Mass.: Addison-Wesley.

Wang, Yizhou, ed. 2003. *Construction within Contradiction: Multiple Perspectives on the Relationships between China and International Organizations.* Beijing: China Development Publishing House.

Weber, Steven. 1997. "The End of Business Cycle?" *Foreign Affairs* 76 (July/August): 65-82.

Wight, Martin. 1991. *International Theory: The Three Traditions.* Leicester: Leicester University Press. 〔マーティン・ワイト（佐藤誠・安藤次男・龍澤邦彦・大中真・佐藤千鶴子訳）。二〇〇七。『国際理論――三つの伝統』日本経済評論社。〕

――. 1995. *Power Politics,* 2nd ed. London: Leicester University Press.

Wolfers, Arnold. 1962. *Discord and Collaboration: Essays on International Politics.* Baltimore: Johns Hopkins Press.

World Bank. 1993. *The East Asian Miracle: Economic Growth and Public Policy.* Washington, D. C.: World Bank. 〔世界銀行（白鳥正喜監訳、海外経済協力基金開発問題研究会訳）。一九九四。『東アジアの奇跡――経済成長と政府の役割』東洋経済新報社。〕

WorldStatesmen.org. 2006. "Index of Colonies and Possessions." http://www.worldstatesmen.org/COLONIES.html.

Wright, Quincy. 1942. *A Study of War.* Chicago: The University of Chicago Press.

Zunz, Olivier. 1998. *Why the American Century?* Chicago: University of Chicago Press. 〔オリヴィエ・ザンズ（有賀貞・西崎文子訳）。二〇〇五。『アメリカの世紀――それはいかにして創られたか?』刀水書房。〕

和文

飯田経夫。一九九七。『経済学の終わり――「豊かさ」のあとに来るもの』ＰＨＰ新書。

伊丹敬之。一九八七。『人本主義企業――変わる経営変わらぬ原理』筑摩書房。

猪口孝。一九八九。「国際政治主体論」有賀貞・宇野重昭・木戸蓊・山本吉宣・渡辺昭夫編『講座国際政治①国際政治の理論』一四九―一六九頁。東京大学出版会。

――。一九九四。『世界変動の見方』ちくま新書。[Inoguchi, Takashi. 2001. *Global Change: A Japanese Perspective*. London: Palgrave.]

――。二〇〇四。「日米関係からみた日本外交路線」『環』一六号、一四―二一頁。

猪口孝・原田至郎。二〇〇二。「国際政治研究者の専攻戦略」柳井晴夫・岡太彬訓・繁桝算男・高木廣文・岩崎学編『多変量解析・実例ハンドブック』四九四―五〇九頁。朝倉書店。

岡田英弘。一九九八。『現代中国と日本』新書館。

小田実。一九九六。『でもくらてぃあ――「人間は殺されてはならない」・「人間の国」「人間の文明」の構築へ』筑摩書房。

川田侃。一九九六。『国際関係研究（川田侃・国際学Ｉ）』東京書籍。

北岡伸一。一九九五。『自民党――政権党の三八年』読売新聞社。

草野厚。一九八三。『日米オレンジ交渉――経済摩擦をみる新しい視点』日本経済新聞社。

斎藤精一郎。一九九八。『一〇年デフレ――日はまた昇る』日本経済新聞社。

斎藤真。一九九二。『アメリカ革命史研究――自由と統合』東京大学出版会。

堺屋太一。二〇〇六。『堺屋太一が解くチンギス・ハンの世界』講談社。

榊原英資。一九九三。『文明としての日本型資本主義――「富」と「権力」の構図』東洋経済新報社。

田所昌幸。二〇〇一。『「アメリカ」を超えたドル――金融グローバリゼーションと通貨外交』中公叢書。

田中明彦。一九九六。『新しい「中世」――二一世紀の世界システム』日本経済新聞社。

中西輝政。一九九八。『なぜ国家は衰亡するのか』ＰＨ

P新書。

仁井田陞。一九五一。『中国の社会とギルド』岩波書店。

旗田巍。一九七三。『中国村落と共同体理論』岩波書店。

パワーズ、リチャード（柴田元幸訳）。二〇〇六。「ハルキ・ムラカミ―広域分散―自己鏡像化―地下世界―ニューロサイエンス流―魂シェアリング・ピクチャーショー」『新潮』五月号、二三〇―二四三頁。

山岸俊男。一九九八。『信頼の構造――こころと社会の進化ゲーム』東京大学出版会。

山崎正和。一九九七。『文明の構図』文芸春秋。

ラミー、パスカル。二〇〇四。「米国大統領選後」『毎日新聞』一一月二〇日。

あとがき

「シリーズ国際関係論」全5巻を発案したのは二一世紀に入ってまもないころのことである。「現代政治学叢書」と「東アジアの国家と社会」シリーズでお世話になった、旧知の東京大学出版会の竹中英俊氏にすぐに相談、奥田修一氏と中身の検討を進めたのはついこの間のようでいて、それ以降、九・一一テロ、アフガニスタン戦争、イラク戦争、ダルフール紛争、レバノン戦争と急なテンポで国際政治は展開していった。ようやくこのような形で読者のお手元に届けることができるようになったことで一方でほっとしているが、他方読者諸賢の叱正を緊張しながらも楽しみにしている。

本巻執筆にあたって、一番念頭を離れなかったことは独創的でありたいということであった。独創的といっても大それたことを考えているわけではない。既往の考えや慣行にあまり捕らわれないで、自由に伸び伸びと考えを展開したということである。この点、私はたいそう恵まれていたのではないかとひそかに思う。どういうことかというと、志を同じくする同僚と一緒に仕事をする機会にめぐまれたからである。本巻の各章ももとはといえば、そのような出会いに源をもつ。

第1章は英国ウェールズ大学の菅波英美教授と英国で話していたら、ウェールズ大学のアンドルー・リンクレイター教授と国際関係論のリーディングズを刊行予定と聞き、あれこれ選択基準などについて討論したことがきっかけである。考えているうちに、私自身もリーディングズを刊行することになったが、本章は国際関係論の発展についての私の考えの概要を含む。

第2章は南カリフォルニア大学のヘイワード・アルカー教授、ブラウン大学のトマス・ビアスティカー教授、そしてイスラマバード大学のタヒア・アミン教授との共同研究に端を発している。「世界秩序の弁証法」とよび、私が安全保障論、ビアスティカーが政治経済論、アミンが政治共同体論、そしてアルカーが政治生態学である。共同研究は一九八一年以来、三〇年近く続いてきた。二〇〇五年七月にオックスフォード大学ナフィールド・カレッジでセミナーを開催、旧知の友人、ユーン・フン・コン博士、ナイリ・ウッズ博士などの批判に晒されて、「長い友人は最良の友人」とはよくいったものだ、幸なるかなとつくづく感じたのである。ところが二〇〇七年八月、アルカー教授が突如逝去された。今となっては「世界秩序の弁証法」の刊行へと進むことによってしか学恩に報いることができない。

第3章はピッツバーグ大学のデイビス・ボブロウ教授が全米国際政治学会会長だった時に組まれた *International Studies Review* 誌（一九九九年）の特集に寄稿した論文（Inoguchi 1999a）に基づいている。二一世紀世界政治を予測するという大胆不敵の主題であった。予測は昔から大好きで、日ソ漁業交渉の予測（交渉の最中に妥結高を通常回帰モデルと恒常状態時系列モデルでともに的中させたことがある）や中国のベトナム軍事介入の予測（一九七九年の介入の一週間前に、ベトナム『人民の軍隊』紙に一九七九年の同じ時期の中国の介入についての小文が言及されたことがある)、一九八九年の時点での国際同盟・世界秩序の中長期シナリオ（英国の代表的な国際問題誌 *International Studies* に発表、米国大統領補佐官のブレント・スコウクロフト氏から読みごたえありとの手紙をもらった)、それに本章論文である。これは元々一九九九年に刊行されたものであるが、二〇〇一年の九・一一を予期したような内容になっている。グローバリゼーションの跛行《はこう》的深化を主要な起因とする反ユートピアンの考え、破綻国家の増大趨勢、そして地球的テロリズムを議論している。

第4章は第3章の枠組みで日本の論者を検討したもので、ニューヨーク州立大学（ビンガムトン校）のイマヌエル・ウォーラステイン教授とルクセンブルク欧州国際問題研究所所長のアルマン・クレス博士の主催した会議で報告したものである。これは二〇〇〇年開催であった。ウォーラステイン教授と私にいささかの共通点があるとすれば、その立論に往々大胆不敵なところがあるところだろうか。その後、基本的に三つの異なる考えが共存・競走しているという論点はいっそう強く実証されたと思う。

第5章は純粋な書き下ろしで、二一世紀の日本外交路線の対立軸を明らかにしたものである。私は常々国際関係は少なくとも安全保障と経済の双方から詰めないとあまりにも不十分なりとの考えの信奉者であるが、グローバリゼーションの着実な深化を眼前にし、その感をいっそう強くしている。日本外交や国際問題についての、新聞社や放送局などが行う世論調査でも安全保障や国内政治などはカバーされるが、グローバリゼーションなど国際経済社会的でもあり、国内経済社会的でもある現象に関する質問がほとんど含まれていない。残念至極である。日米関係についても包括的な理解が得にくくなる。

第6章はシンガポール南洋大学のアミタフ・アチャリア教授と英国ロンドン大学のバリー・ブザン教授の主催する会議での報告論文がその源である。一九三〇年代と一九四〇年代の戦争期の知識人の苦悩に満ちた知的展開には一定の理論的独創性を認めざるを得ないという議論を日本の国際関係論の主要な旋律と絡めて論じたものである。マハトマ・ガンジーは所与の時点、所与の場所で自分の信念を吐露しており、首尾一貫性そのものを偶像崇拝するような愚行はしないと『ガンディー自伝』で語っているが、そういう苦悩のど真ん中に置かれた左右の知識人を思いやった。

第7章はロス・アンデス・ボゴダ大学（コロンビア）のアーリン・ティクナー教授とコペンハーゲン大学（デンマーク）のオーレ・ウィーバー教授の組織した世界の国際関係論の刊行計画のためにモントリオールで発表した論文が源である。国際関係論といっても、東アジア、すなわち日本、韓国、台湾、中国の国際関係論を比較して議論したものである。韓国の文献については、アン・チュンシー教授（ソウル大学校）、ムーン・チュンイン教授（延世大学）、中国についてはホー・バオガン教授（豪州ディーキン大学）、グオ・ディンピン教授（復旦大学）に一方ならぬお世話になった。韓国語や中国語で彼らから送られてくる本を眺めて、有朋自遠方来、不亦楽乎（友人が遠くからやってくるのはなんて楽しいことか）、のような気分になる。

第8章はニール・スメルサー教授とパウル・バルテス教授の編纂した『国際社会科学・行動科学事典』全二六巻（Smelser and Baltes 2001）に寄稿した論考が源である。米国社会科学研究評議会会長マーガレット・マクドネル博士が責任者だったクラスターに私は所属していた。二〇世紀最大の百科事典だと思うが、寄与者の一人となって嬉しかった。私は常々地域研究をよく消化しえない国際関係論は貧困であり、比較政治をよく消化しえない政治学は幼稚であると考えている。

『国際関係論の系譜』はこのような異なる出会いと源をもっているが、シリーズとして「国際関係論の基礎」とうたっていたのに（その後、シリーズ名は現在のものに落ち着いた）、本巻はもしかしたらその枠組みをはみ出しているのではないかと悩んだ。基礎というからには、もうすこし丁寧に記述説明し、ある程度教科書風に構成、執筆しなければならないかとも思った。しかし、あとがきをかきながら、そのような思いは消滅した。本巻を執筆している過程で強い印象となったことは、二〇世紀に限ってみても、国際関係論には大きな流れ、複雑な流れ、豊富な流れがあちこちに溢れているということである。本シリーズの趣旨に極力合致させる工夫と努力を図ったが、同時に、シリーズが金太郎飴のようなことになっても教育的観点からみてもいけないので、本巻のような非正統的な考えをところどころに含む巻の存在理由を主張できると思う。

本巻執筆にあたって多くの方に一方ならぬお世話になった。本シリーズの執筆者には私の巻の完成が遅れ気味でご迷惑をかけたことをお詫びします。東京大学出版会の奥田修一氏には遅れから生ずる消極面を無視し、積極面を評価していただいた。心から感謝します。東京大学、中央大学を通じてもろもろの本務と雑事を背負っていただいている方々なしには本書の完成は不可能だったことを記し、郷古貴美子、安納献、谷原ゆかり、杉原直子、石垣美砂子、星野聖子、沼田渉に満腔の謝意を表します。

最後に、ウィングを広げた妻、猪口邦子には、圧倒的な多忙さを抱えながら、古巣の国際関係論にも興味を失わず、いろいろ有益なコメントを頂いた。ありがたかった。

小石川の寓居で

猪口　孝

人名索引

サ 行

タ 行

ナ 行

ハ 行

事項索引

著者略歴
1944年　新潟県に生まれる.
1966年　東京大学教養学部教養学科卒業.
1974年　マサチューセッツ工科大学 Ph. D.（政治学）
　　　　東京大学東洋文化研究所教授を経て,
現　在　中央大学法学部教授，東京大学名誉教授.

主要著書
『国際政治経済の構図』（有斐閣，1982 年）
『国際関係の政治経済学』（東京大学出版会，1985 年）
『交渉・同盟・戦争』（東京大学出版会，1990 年）
『現代日本外交』（筑摩書房，1993 年）
『地球政治の構想』（NTT 出版，2002 年）
『国際政治の見方』（ちくま新書，2005 年）
『国際政治事典』（共編，弘文堂，2005 年）
『アメリカによる民主主義の推進』（共編，ミネルヴァ書房，2006 年）

国際関係論の系譜　　シリーズ国際関係論 5

2007 年 12 月 20 日　初　版

［検印廃止］

著　者　猪口　孝《いのぐちたかし》

発行所　財団法人　東京大学出版会

代 表 者　岡本和夫

113-8654 東京都文京区本郷 7-3-1 東大構内
http://www.utp.or.jp/
電話 03-3811-8814　Fax 03-3812-6958
振替 00160-6-59964

印刷所　株式会社三陽社
製本所　矢嶋製本株式会社

ISBN 978-4-13-034255-1　Printed in Japan

シリーズ国際関係論［全5巻］

猪口孝――［編］

四六判・平均二七二ページ

1　国際社会の秩序　篠田英朗　二五〇〇円

2　平和と安全保障　鈴木基史　二五〇〇円

3　国際政治経済　飯田敬輔　二五〇〇円

4　国家の対外行動　須藤季夫　二五〇〇円

5　国際関係論の系譜　猪口　孝　二五〇〇円

ここに表示された価格は本体価格です．ご購入の際には消費税が加算されますのでご了承ください．